**Comment devenir
proustien sans lire Proust**

**Murielle Lucie Clément**

**Comment devenir
proustien sans lire Proust**

MLC

**Du même auteur**

» *Lettres de Sibérie*, 2015
» *Le Département de français*, 2012
» *Représentation des Russes et de la Russie dans le roman français des XX et XXI siècles*, 2012
» *La Fabuleuse histoire d'Amsterdam et des Pays-Bas*, 2011
» *Andreï Makine. L'Ekprasis dans son œuvre*, 2011
» *Le Monde selon Andreï Makine. Textes du collectif de chercheurs autour de l'œuvre d'Andreï Makine*, Murielle Lucie Clément et Marco Caratozzolo eds., 2011
» *Andreï Makine. Recueil 2011*, 2011
» *Michel Houellebecq à la Une*, (e.a. eds.), 2011
» *Le Malaise existentiel dans le roman français de l'extrême contemporain* (e. a. ed.), 2011
» *Andreï Makine. Le multilinguisme, la photographie, le cinéma et la musique dans son œuvre*, 2010
» *Lou rediviva. Entretien avec Pascale Hummel*, 2010
» *Michel Houellebecq. Sexuellement correct*, 2010
» *Andreï Makine. Présence de l'absence : une poétique de l'art (photographie, cinéma, musique)*, 2010
» *Kunst in Transvaal Amsterdam*, 2010
» *Au fil des ondes*, 2010
» *Les Bienveillantes de Jonathan Littell. Études réunies par Murielle Lucie Clément*, 2010
» *Autophilologie. La philologue au miroir. Entretien avec Pascale Hummel*, 2010
» *Andreï Makine. Etudes réunies par Murielle Lucie Clément*, 2009
» *Comment devenir proustien sans lire Proust*, 2009
» *Hedendaagse Frans Kunst in Nederland*, 2009
» *Autour des écrivains franco-russes, sous la direction de Murielle Lucie Clément*, 2008
» *Écrivains franco-russes. Études réunies par Murielle Lucie Clément*, 2008

» *Relations familiales dans les littératures française et francophone des XXe et XXIe siècles. La Figure du père*, (e.a. eds.), 2008
» *Relations familiales dans les littératures française et francophone des XXe et XXIe siècles. La Figure de la mère*, (e.a. eds.), 2008
» *Andreï Makine. Recueil 2007*, 2007
» *Michel Houellebecq sous la loupe*, (e.a. eds.), 2007
» *Michel Houellebecq revisité*, 2007
» *Le Nagal, Chansons poétiques et poésies chantées en trois parties*, 2007
» *Baudelaire et la musique*, 2005
» *Le Bateau ivre*, 2004
» *Houellebecq, Sperme et sang*, (2003) ASCA book award 2004
» *Sibérie, Entretiens au quotidien*, 2002
» *Noël, Christmas, Kerstmis, Navidad, Weinacht*, 2001
» *Les Nuits sibériennes*, 2001
» *Mongolie-Mandchourie-Sibérie*, 2000
» *Sur un rayon d'amour*, 2000
» *L'Arc-en-ciel, 1999*, Prix des Poètes 2000
» *Les Nuits sibériennes*, 1998
» *Les Héroïnes de l'opéra*, 1996

© MLC 2015
ISBN: 978-2-37432-000-7

**Du côté de chez …..**

Si vous pensez que la madeleine est près du Faubourg Saint-Honoré, que les pavés de Guermantes sont des bonbons belges ou bien que *La Recherche* c'est le CNRS, alors ce livre fait partie des indispensables de votre bibliothèque. De même, il l'est si par votre profession – universitaire par exemple – il vous est impossible d'avouer n'avoir jamais lu Proust et que faute de temps, vous ne pourrez jamais vous y mettre. Regrettable situation, mais fréquente malgré tout.

**Première partie :
Comment devenir proustien**

La télévision ne vous satisfait plus, vous êtes claustrophobe et les salles de cinéma, de toute évidence ne sont pas faites pour vous non plus. Le théâtre vous soûle et l'opéra, n'en parlons pas. Le foot, vous avez déjà donné. Bref, vous ne savez plus quoi faire de vos loisirs. Un ami vous l'a recommandé. Rien de tel pour échapper à la morosité et l'ennui se profilant à l'entrée de votre vie, que de fréquenter des cercles littéraires. « Les Amis de… » sont imparables pour chasser cafard et solitude. *À la recherche du temps perdu* vous botte car vous avez assez perdu le vôtre. Alors, ayez le courage de vos ambitions. Osez. Devenez « Amis de Marcel Proust » en un mot : PROUSTIEN.

Avant d'entamer la lecture de cet ouvrage qui doit vous faire briller aux soirées où vous assisterez bientôt, mettez-vous dans la tête deux règles des plus simples. La première, on ne lit pas Proust (car c'est de lui dont il s'agit. Et oui, il est l'auteur) : on le relit. Françoise Sagan l'a bien dit : « Si on a lu Proust une fois, on ne l'a pas lu ». Vous voilà averti. La seconde, les proustiens ne parlent jamais de Proust, mais très familièrement de Marcel comme d'une vieille connaissance qu'ils auraient quitté la veille. Ne paniquez pas devant la pile de pages impressionnantes en pensant que vous ne trouverez jamais le temps de toutes les lire. Exception faite d'un très petit nombre de spécialistes fanatiques quelque peu déjantés, personne ne les lit jamais toutes. À la rigueur, le premier et le dernier tome et vous êtes paré pour entrer dans le cercle des proustiens.

Les cercles proustiens sont fondés sur une foi aveugle et inébranlable. Celle que tous ses membres auraient lu et relu, plusieurs fois *À la recherche du temps perdu*, *Jean Santeuil* et *Contre Sainte-Beuve*. Rassurez-vous. Il n'en est rien. Le premier est bien trop volumineux ; le second est un ouvrage raté, selon Pierre Bayard (cf. *Comment améliorer les œuvres ratées*) et le troisième ? Et bien, mon Dieu, qui se soucie encore de nos jours d'être pour ou contre Sainte-Beuve ? Cékisseluila direz-vous, non ? Noter au passage que l'on abrège le titre et parle de *La Recherche*. D'où votre méprise première bien excusable.

Vous désirez épater la galerie ? N'hésitez pas à paraître un peu fantasque. Les proustiens le sont tous. Affirmez que pour vous c'est l'écriture noire de Marcel qui vous enivre. Personne ne vous contredira. Si vous n'avez aucune idée de quoi parle votre interlocuteur, prenez un air inspiré, les paupières légèrement closes ou bien levez les yeux au ciel et murmurez : « Ah ! Marcel… ». On vous saura gré de votre dévotion. Affirmez sans hésitation que pour vous tenir éveillé, vous préférez de loin *Sodome et Gomorrhe* au *Temps retrouvé*. Que vous préférez les clochers en forme de tête de poisson aux églises en épis de blé ! Aucune explication ne vous sera demandée. Ce qu'il y a de bien avec les proustiens, c'est que chacun possède sa propre opinion et se moque superbement de celle des autres. En somme, les proustiens diffèrent peu du reste de la population sur ce point et vous vous sentirez d'emblée, en terrain connu si ce n'est conquis.

Par contre, si vous ne voulez pas vous faire jeter, ne suggérez jamais que Proust habitait, en fin de carrière, un hôtel minable pour se faire les piccolos. Et surtout, taisez qu'il a commencé en publiant à compte d'auteur. Les proustiens tiennent à l'oublier. Et puis, direz-vous, quelle importance ? C'était la mode à l'époque. Seuls les friqués écrivaient. Remarquez tout de même qu'il ne suffit aucunement de publier à compte d'auteur pour devenir Proust ou un génie littéraire. Ceci au cas où vous vous sentiriez quelques velléités d'écriture.

De même, abstenez-vous, à moins que vous ne désiriez passer pour un original (ce qui est difficile dans ce genre de cercle) si c'est le cas de clamer que Proust vous amuse. Selon les proustiens, cet auteur doit être pris au sérieux ! « Pour ma part j'adore Proust ! » Exclamation funeste si vous tenez à éviter les regards courroucés de vos nouveaux amis. On n'adore pas Proust, on le vénère ou on le dévore. Cela va de soi, alors inutile de le dire. En fait, cette remarque est seulement possible si vous ajoutez quasi nonchalamment : « Mais, les miettes de madeleine commencent à me rester au fond de la gorge » ou bien « La raideur de la serviette de damas m'arrache la joue ». Prenez un air enjoué pour prononcer ces paroles. Seul un vrai connaisseur oserait les proférer.

Suivant votre auditoire vous pourrez alors continuer en prétendant qu'à force de trébucher sur les pavés de la cour de Guermantes votre gros orteil est tuméfié, « tout bleu » direz-vous avec une intonation légèrement naïve. Même plan pour ceux de la place San Marco. Passez à un autre groupe et lancez : « Rien ne vaut de humer les aubépines en fleurs ! » S'il y a des jeunes filles – ce qui est rare dans ce genre de réunion bien qu'on y rencontre parfois des vierges cinquantenaires –, prenez l'air espiègle et parlez du bourdon qui féconde les orchidées. Soupesez les avantages et les inconvénients entre regarder par un trou de serrure ou par un œil de bœuf. Question de principe que tout cela ! Le fouet dans le bordel à Charlus (qui est celui de Jupien) et Albertine enfermée sont uniquement à aborder en compagnie discutant les mœurs changeantes des époques. Vous pourrez toujours soupirer : « Madame de quoi devenir neurasthénique ». Aucune idée de quoi il s'agit ? Conclusion : il est grand temps pour vous de lire *La Recherche*. Si, si. À petites doses, on y arrive très bien. Cet ouvrage, composé en deux parties, vous aidera à réaliser votre potentiel de lecteur chevronné. La première section vous permettra de vous familiariser avec l'œuvre. Elle indique ce que vous devez impérativement savoir. Mémorisez-la et vous deviendrez un véritable proustien. Quant à la deuxième partie, elle offre un minimum de connaissance de *La Recherche* que vous pourrez ensuite approfondir au fur et à mesure de la lecture de votre exemplaire.

**Devenir proustien**

Voilà, c'est fait. Votre décision est prise. Vous êtes allé à la Fnac ou chez le libraire du coin et vous revenez chez vous avec quelques tomes sous le bras à moins que vous n'ayez opté pour le Quarto (ne pas confondre avec le quatre-quarts. Il n'y en a pas dans *La Recherche*, uniquement des madeleines dont une devenue très célèbre). Si la date de votre anniversaire approche, faites-vous offrir l'édition de la Pléiade. Très belle reliure, elle en imposera dans votre bibliothèque. Et puis, le moment venu, vous serez à même de retrouver les passages cités par certains spécialistes. Hé si ! C'est cela qui vous attend, car si vous commencez, vous avez toutes les chances de devenir accro. Alors autant avoir la meilleure came chez soi.

Ne vous affolez pas. *La Recherche* a cela de bien que vous pouvez commencer à lire n'importe où. La chronologie, sans être complètement inexistante, est aléatoire. De toute façon, autant l'admettre d'emblée, vous n'avez pas fait l'emplette d'un super polar. Proust ce n'est pas du Dan Brown, du Marc Lévy ou du Musso. C'est cent fois mieux ! L'histoire ? L'intrigue ? Inconnues au bataillon proustien, diront certains. Aussi, ne les recherchez pas. Il n'y en a pas ! Faut-il assez le répéter : *La Recherche* n'est pas un roman. C'est une œuvre inclassable ! Ce qui compte, c'est le style. Alors commencez où bon vous semble. Vous pouvez très bien ouvrir un des tomes au hasard. Cela vous évitera d'évaluer à chaque instant le nombre de pages qu'il vous reste encore à lire. Et vous aurez la surprise de découvrir une intrigue, car en fait, *La Recherche* en fourmille, le tout, c'est de les lire. Il n'y a pas une seule histoire, mais un foisonnement d'histoires. Vous serez ravi.

Vous vous endormez ou le livre vous tombe des mains ? Pas grave. Faites-vous un thé bien fort, ou une tisane, c'est selon, du tilleul si possible, de préférence avec des madeleines et sautez quelques pages. Le remède s'avère inefficace ? Recommencez ! C'est impératif de posséder un peu de persévérance. Au cas où vous resteriez coincé, voici un aperçu qui peut vous aider dans les premiers temps à vous repérer.

*À la recherche du temps perdu*

*Du côté de chez Swann*

***I Combray***

Décrit la vie à Combray où le narrateur (que vous pouvez appeler Marcel) passe les vacances familiales dans la maison de Tante Léonie, une hypocondriaque qui écoule ses journées au lit et que Proust imitera plus tard pour rédiger ses manuscrits. Il évoque ses réveils puis, les réveils de sa vie entière dans toutes les chambres où il a dormi. Dit comme cela, c'est rapide, mais Proust le raconte d'une tout autre manière. C'est ce qui fait son charme.

Monsieur Swann, un autre disjoncté qui court une partie de sa vie après une femme qui n'est pas son genre et qu'il épouse en plus ! (mais ça on ne l'apprend qu'au second recueil), détruit, pour le narrateur, l'harmonie du soir par ses visites. Ce dernier se rappelle surtout les soirs où il devait monter se coucher sans recevoir de baiser de sa mère parce que ses parents recevaient jusqu'à une heure tardive. C'est pendant l'une de ces soirées qu'il décida d'attendre sa mère jusqu'après le départ des invités pour exiger d'elle le si précieux baiser. Ce jour-là, il obtint qu'elle reste dans sa chambre toute la nuit. Hé oui, les soirs où Swann ou des invités viennent, la mère de Marcel ne vient pas l'embrasser pour lui souhaiter bonne nuit. Ce passage donne la scène du baiser maternel. Scène primordiale que vous devrez posséder à fond.

La femme de Swann, Odette, n'est pas admise à ces réunions sociales vu qu'elle était, avant son mariage, une femme de petite vertu. Autrement dit une taspé. À l'époque de Proust, on préférait appeler ce genre de femme une cocotte ou une demi-mondaine.

C'est aussi dans *Combray* que se trouve une scène fameuse dite « la madeleine ». Voilà de quoi il retourne. Le narrateur revient sur des événements plus récents. Alors qu'à Paris, il boit sans trop y penser du thé avec une délicieuse petite madeleine trempée dans sa tasse, son enfance lui revient en mémoire et il revoit la petite ville de Combray grâce aux sensations éprouvées car sa grand-tante lui offrait souvent une madeleine trempée dans du thé. Peut-être loufoque comme histoire, mais il faut vous y faire. *La Recherche* regorge de ces moments qui en rappellent d'autres, et dont les proustiens sont friands. D'ailleurs, certains de ces moments sont moins appréciés que d'autres.

Dans *Combray* se trouve aussi, bien entendu, la description de la vie quotidienne, plutôt routinière, dans la maison de tante Léonie. Seul le samedi fait office d'événement car le déjeuner est servi une heure plus tôt que les autres jours pour permettre à Françoise, la bonne, d'aller faire les emplettes au marché. Horaire qui permet au narrateur tout un développement sur l'ahurissement des visiteurs non prévenus qui les trouvent à table bien avant l'heure convenue. Le jeune narrateur alterne lectures et promenades, déjà fasciné par le mystère de l'art. Au cours d'une de ses promenades, il connaît un moment d'extase devant les clochers de Martinville, une bourgade voisine. Cette expérience le conduit à l'écriture d'un court texte. Il rêve de rencontrer Gilberte, la fille de Swann, et l'aperçoit un jour dans son jardin ; leur échange de regards provoque l'émoi du jeune homme. Il est aussi le témoin involontaire d'une scène d'amour saphique entre Mlle Vinteuil et son amie à Montjouvain.

Ce dont vous devez impérativement vous souvenir, ce sont les deux côtés de Combray : le côté de Méséglise et le côté de Guermantes qui sont en fait les deux directions que peut prendre la promenade. Le côté de Méséglise est aussi appelé « le côté de chez Swann » car il longe sa propriété. Un jour, en promenade avec ses parents, le narrateur y admire les aubépines en fleurs. L'autre côté, celui des Guermantes, suit le cours de la Vivonne et longe un jardin de nymphéas (sorte de nénuphars exotiques).

Le narrateur rêve de devenir écrivain, mais se croit sans talent ce qui ne rend pas la chose aisée.

## *II Un amour de Swann*

Le narrateur remonte si loin dans ses souvenirs qu'il dépasse la période de sa propre naissance. Proust est l'inventeur du « rebirthing », cette méthode psycho pathétique fondée sur l'hypnose qui offre des possibilités infinies pour voyager dans ses vies antérieures. De cette manière, il visite le salon brillant et vulgaire des Verdurin, bourgeois fortunés qui se piquent de mécénat et invitent des musiciens et des peintres pour les débiner. Bassesse oblige ! C'est chez eux que Swann rencontre Odette. Le narrateur retrace leur entrevue. Au début, Swann apprécie Odette très faiblement, mais elle, au contraire subit immédiatement son charme. Par vanité et ennui, il se pique d'amour pour elle.

Chez les Verdurin, assis près d'elle, il écoute une sonate que l'on y joue souvent et qui l'émeut profondément. Une phrase musicale l'interpelle particulièrement et elle devient l'hymne de leur amour. Il en fait part à son entourage et découvre ainsi que le compositeur est un certain Vinteuil. Odette lui devient rapidement indispensable, mais elle le trompe sans vergogne. Il devient fou de jalousie et cherche à l'épier. Finalement son amour disparaît et laisse place à des sentiments plus tièdes. Swann est surpris d'avoir aimé Odette et de l'avoir épousée.

Aussi très important pour rallier la compagnie proustienne. Rappelez-vous que Swann et Odette ne font jamais l'amour, mais « font catleya ». Phrase code des deux amants qui leur rappelle un soir en fiacre où jetés l'un sur l'autre par un cahot, Swann replace les fleurs du corsage d'Odette, précisément : des catleyas. Mis à part la « petite phrase de Vinteuil » et « faire catleya », leur liaison suit les péripéties habituelles. Swann se fait virer de chez les Verdurin, snobs à l'envers qui ne lui pardonnent pas d'appartenir, en fait, au grand monde dont ils sont exclus.

## III Nom de pays : le nom

Bref, Odette et Swann se marient et ont une fille Gilberte, le premier amour du narrateur. Ce dernier rêve sans cesse de voyager. Parti à Balbec, il est déçu par le côté ordinaire de la station balnéaire que lui avaient tant vanté ses amis et fréquentations. Il s'était laissé emporter par les sonorités du nom, tout comme le nom des villes italiennes font galoper son imagination. Le même phénomène se produit avec le nom de la duchesse de Guermantes.

Au Bois de Boulogne où il va se promener lorsqu'il est à Paris, ainsi que sur les Champs-Élysées où Françoise l'emmène jouer, fasciné, il regarde passer les attelages et surtout celui d'Odette, la mère de Gilberte, sa copine dont il est plus ou moins épris. C'est confus, c'est vrai, mais à la lecture, tout devient très clair. Cela vaut vraiment la peine d'essayer.

## *À l'ombre des jeunes filles en fleurs*

Le narrateur aimerait bien devenir écrivain. Toutefois, les mystères de l'art lui échappent encore. En conséquence, il se croit sans talent ce qui complique grandement l'histoire. Tout naturellement, vous en feriez de même à sa place : il remet son projet à plus tard. Il a la chance de rencontrer le grand écrivain Bergotte, qu'il admire, chez les Swann. Il part en vacances à Balbec après s'être brouillé avec Gilberte, dont il est toujours amoureux. Il réside au Grand Hôtel parmi la population hétéroclite estivale. Sa grand-mère qui l'accompagne retrouve une vieille connaissance, la marquise de Villeparisis, ce qui les fait monter dans l'estime des autres clients très à cheval sur les principes de prestige social. La marquise les emmène faire des promenades en calèche et au cours de l'une d'elles, le narrateur se prend à évoquer les clochers de Martinville à la vision de trois arbres. Il lui semble accéder, sans pouvoir y parvenir tout à fait ni pouvoir le préciser, à un secret enfoui.

Sur la côte normande, il rencontre le marquis de Saint-Loup, neveu de la marquise, militaire en garnison et Palamède, baron de Charlus, son oncle. Madame de Villeparisis et le baron de Charlus s'éprennent d'amitié pour lui.
La présence de son camarade Bloch lui pèse.

À la plage, où il passe ses journées – il est venu pour ça, il est en vacances –, il observe les jeunes filles. Il y en a toute une bande. Chez le peintre Elstir dont il visite l'atelier, il commence à entrevoir la beauté des choses grâce aux explications de l'artiste. Il y fait la connaissance d'Albertine, l'une des jeunes filles de la bande, qu'il pense aimer. Celle-ci se dérobe lorsqu'en visite dans sa chambre il essaie de l'embrasser. L'été terminé, il rentre à Paris bredouille.

## *Le Côté de Guermantes*

Dans ce volume, il ne s'agit nullement de la promenade de Combray, mais principalement de Paris où le narrateur habite faubourg Saint-Germain, mais bien dans une partie de l'hôtel de Guermantes. Plutôt snob sur les bords, il aimerait accéder à l'aristocratie. Toutefois, après avoir demandé, sans succès, à son ami Saint-Loup une invitation, c'est grâce à Madame de Villeparisis qu'il obtient son entrée au salon de la duchesse de Guermantes. Mal lui en prend. Une fois parvenu à ses fins et introduit dans ce milieu tant rêvé, tout ce qu'il y a de plus aristo, il est déçu par le mauvais goût et la médiocrité ambiants. Difficile à satisfaire le narrateur !

### *Sodome et Gomorrhe*

C'est probablement le volume qui contient le plus de dialogues. Selon le narrateur, les homosexuels sont des « hommes-femmes ». Il décrit, entre autres, les manœuvres d'approche entre le baron de Charlus qui se révèle « en être » et Jupien, un giletier (un mec qui fabrique des gilets). Chez les Guermantes, les conversations vont bon train sur l'affaire Dreyfus (si vous ne savez pas de quoi il s'agit, faites une recherche sur la toile). C'est aussi dans le salon des Guermantes qu'il observe de plus près les rouages de la haute société et parmi les invités, il remarque de nombreux invertis. Swann mourra peu de temps après et c'est sa dernière conversation avec lui. Albertine passe le voir en coup de vent chez lui et il songe à une liaison sérieuse avec elle, en faire sa captive.

À Pâques, Marcel retourne à Balbec qui est en fait un paradis pour lesbiennes, mais pas seulement. Le baron de Charlus y vit une histoire d'amour avec Morel, un jeune pianiste que le narrateur entend jouer au château de la Raspelière, loué par les Verdurin – ils sont donc aussi en vacances – qui y tiennent salon. Il s'y rend avec Albertine après lui avoir demandé de le rejoindre. Tout se tient, n'est-ce pas ? Le narrateur commence à soupçonner des mœurs saphiques chez Albertine dont il ne peut pénétrer la vie secrète qu'il pressent.

## *La Prisonnière*

Albertine et le narrateur vivent ensemble dans l'appartement de ce dernier. Il la comble de cadeaux et la retient prisonnière. Il tient sa présence chez lui secrète. Il veut éviter qu'elle rencontre d'autres personnes, hommes ou femmes. Leur vie commune se déroule en des tête-à-tête tendus de plus en plus fantasmatiques. Jaloux, il l'interroge sans cesse et sans résultat. Il sait que cela est inhérent à l'être humain, incapable de livrer son âme entière. N'oubliez jamais que le narrateur est philosophe.

Un soir d'hiver, Marcel se rend chez les Verdurin où la musique lui fait oublier un instant ses problèmes relationnels. Transporté par les accords délicieux d'un septuor de Vinteuil, il découvre qu'il existe un monde que les artistes ont en commun, une sorte de « patrie inconnue » qui les héberge. Après une fin de soirée assez mouvementée où les Verdurin virent Saniette, le souffre-douleur, et Morel rompt avec Charlus, le narrateur rentre chez lui. Inspiré par les derniers événements, il pense rompre avec Albertine, pour découvrir que celle-ci l'a devancé et l'a quitté. Elle s'est donc enfuie. Ce qui explique le titre du volume suivant qui connaît deux variantes.

## *Albertine disparue (ou La Fugitive)*

Alors que le narrateur essaie par tous les moyens de retrouver Albertine sans y parvenir (on se demande pourquoi puisqu'il voulait la quitter !), elle trouve la mort lors d'une chute de cheval malencontreuse. C'est d'autant plus dommage, car dans une lettre, elle lui avouait être disposée à revenir vers lui. On peut imaginer le volume que cela aurait pu produire : *Albertine revenue* ! Il lui faut des mois pour s'en remettre (le narrateur, pas Albertine, elle est morte) d'autant plus qu'il apprend par la même occasion qu'elle était lesbienne. Il part en voyage à Venise et apprend le mariage de Gilberte et Saint-Loup. À son retour, une autre révélation l'attend. Bien que marié à Gilberte, Saint- Loup « en est » aussi.

## *Le Temps retrouvé*
## *I*

Ce dernier volume de *La Recherche* est divisé en deux parties. Le narrateur est devenu adulte et séjourne à Tansonville chez Gilberte de Saint-Loup. Tout comme dans son enfance, il baguenaude à Combray et découvre que les côtés de Méséglise et de Guermantes, en fait, se rejoignent. Déception supplémentaire pour le pauvre, les sources de la petite rivière sur les rives de laquelle il se baladait enfant ne sont qu'un vulgaire lavoir. Robert de Saint-Loup, le mari de Gilberte, se joint à eux et joue les militaires sans jamais faire allusion à son inversion sexuelle. Il semble que son amitié se soit refroidie. Toutefois, il aime à discuter stratégie militaire avec le narrateur.

Gilberte lui prête le *Journal* des Frères Goncourt. À la lecture d'un passage qui relate une soirée chez les Verdurin, il s'interroge sur les possibilités de la littérature à embellir la réalité. En effet, ne lit-il pas un compte rendu totalement magnifier où plus rien ne subsiste de la médiocrité qui lui reste en mémoire au sujet de ce salon. Sa santé déficiente l'oblige à se retirer dans un sanatorium.

Il revient une fois à Paris chez les Verdurin installés dans un grand hôtel. Madame Verdurin est devenue célèbre et son salon est très couru. C'est une sorte de centre d'informations militaires. Morel, déserteur vient y jouer du piano.

À l'occasion d'un examen médical qu'il doit subir, le narrateur rencontre Bloch et Saint-Loup qui n'est pas mobilisé. De retour dans sa maison de santé, il reçoit une lettre de Gilberte réfugiée à Tansonville à cause du peu de sûreté de la ville. Toutefois, elle est plongée dans la bataille qui fait rage tout près, à Laon. Une autre lettre, de Saint-Loup cette fois, lui parvient où ce dernier, se battant sur le front, fait l'éloge des gens du peuple qui sont les véritables héros. Il critique la conduite de son oncle, le baron. Charlus, aussi, possède sa théorie sur la guerre. Il admire la force militaire de l'Allemagne, mais se défend du germanisme dont on l'accuse.

Alors qu'il continue sa promenade après avoir quitté le baron, le narrateur pénètre dans un hôtel pour se reposer. Ce lieu s'avère être un bordel pour clientèle masculine, où d'un œil-de-bœuf, il peut observer Charlus enchaîné se faire fouetter par des jeunes gens.

De retour chez lui, il retrouve Françoise, sa bonne, qui avait eu peur pour sa vie. En effet, une bombe vient d'éclater sur la capitale et il s'est perdu dans le dédale des rues. Il médite un moment sur la prostitution masculine. Quelques jours plus tard, il apprend la mort de son ami Saint-Loup.

## II
Bien qu'encore malade, le narrateur revient à Paris. Invité à une matinée à l'hôtel de Guermantes, il croise à son arrivée Charlus qui est devenu un petit vieillard rabougri, aux cheveux de neige mais à l'esprit toujours vif et agile. Le narrateur se désole toujours de ne pouvoir écrire à cause de son manque de talent supposé, alors que parvenu dans la cour des Guermantes, se produisent plusieurs phénomènes (dont l'épisode des pavés) qui lui permettent d'élaborer sa théorie sur l'art et la littérature grâce à la mémoire involontaire. (Même si vous ne lisez que trente pages de Proust, lisez celles-là. Elles vous seront indispensables pour avoir un semblant de compréhension de la littérature de l'œuvre d'art selon Proust et ne pas être totalement largué lors des discussions).

Après cette visite au salon des Guermantes, le narrateur se décide enfin à écrire le livre que l'on vient de lire : *À la recherche du temps perdu.* Soit dit en passant, il avait en premier lieu retenu comme titre *Les Intermittences du cœur.* À vous de juger – après lecture, cela va de soi – lequel des deux convient le mieux.

## Les personnages

Pour bien répondre à l'esprit proustien, vous pourrez choisir un personnage mineur de *La Recherche* et le présenter comme votre favori. Par exemple, le jardinier qui ne s'en laisse pas conter au passage des soldats ou bien la jeune bonne qui courre comme une folle pour prévenir tout le monde de l'éminence de leur arrivée. Cependant, vous devrez au moins en connaître quelques-uns. Dans les premiers temps, impossible de tous se les remémorer ; *La Recherche* en compte pas loin de quatre cents. Laissez cela aux spécialistes et prenez patience. On ne saurait briller en tout.

## Le narrateur (à ne pas confondre avec Proust bien que certains l'appellent Marcel)

Si Rimbaud a vu ce que d'autres ont cru voir, le narrateur décrit ce qu'il a cru voir en faisant croire qu'il l'a vu. Mais, il faut bien le dire, il ne le décrit pas n'importe comment. On ne le dira jamais assez, et vous pourrez le répéter *ad libitum ad vitam aeternam*, Proust est non seulement un romancier, mais aussi un critique littéraire de première classe et surtout un grand théoricien du style. Et cela, vous n'êtes pas prêt de l'oublier si vous lisez un tant soi peu quelques pages. C'est vrai que ses formules sont parfois obscures à première lecture, mais vous vous y ferez. Au besoin, apprenez un passage par cœur. Cela fera plaisir à vos nouveaux amis et ça ne mange pas de pain. En outre, vous risquez fort d'apprendre quelque chose, ce qui, avouons-le, n'est jamais perdu non plus. Si vous ne deviez mettre qu'un seul conseil en pratique, ce serait le bon choix que de prendre celui-là.

**Swann**
Un grand esthète qui réussit, à sa mort, l'exploit d'avoir quelques lignes dans *Le Gaulois*. Mis à part cela, Swann, dont le prénom Charles n'est utilisé par personne, dîne souvent à Combray dans la famille du narrateur ce que ce dernier apprécie mollement car les soirs où Swann est là, sa mère ne vient pas lui octroyer le baiser vespéral. Les sentiments du petit Marcel changeront à son sujet lorsqu'il le considérera comme le père de son amie Gilberte et non plus comme le casse-pieds de Combray, l'empêcheur d'embrasser en rond. Par ailleurs, dans ce village de province, tous ignorent la véritable position sociale de Swann. Il est l'un des hommes les plus en vue de la capitale. Parmi ses relations se compte le Prince de Galle, rien que ça ! Swann est un grand amoureux et Odette sera son grand amour, même si en définitive elle n'est pas son genre.
Très cultivé, Swann grand connaisseur d'art pictural voit des tableaux vivants dans tout lieu et toute personne. Il compare une fille de cuisine à La Charité de Giotto et s'il en pince pour Odette, c'est qu'il trouve qu'elle ressemble à la Zephora de Botticelli. Toutefois, il reste incompétent à fournir des arguments sur ce qui fait la beauté des œuvres. Ce sera une des grandes raisons de l'agacement d'Odette à son égard.

**Odette**
Sorte de caméléon social qui de dame en rose se transforme en dame en frac. Divorcée du comte de

Crécy, elle devient la veuve de Swann, après l'avoir épousé et convole en noces injustes avec Forcheville (souvent vu comme un imbécile), tout en restant la mère de Gilberte, elle passe maîtresse du duc de Guermantes. Elle fait l'admiration de Marcel ce qu'il déclare en deux passages où il la contemple. L'un se trouve à la fin de *Du côté de Guermantes*. Elle lui apparaît comme un éblouissement. Dans la seconde contemplation, elle fait les Champs-Élysées, entourée de plusieurs hommes et sa beauté est si resplendissante que les passants osent à peine la saluer. Une fois devenu l'ami de Gilberte, sa fille, le narrateur fréquente les Swann dans la perspective de l'apercevoir. Odette est l'exemple type de l'ascension sociale réussie. Elle prend de nombreux amants qu'elle trompe effrontément. Une de ses grandes qualités est de savoir mentir sans rougir. Plus menteur, tu meurs ! Mais, elle est aussi admirée pour ses créations vestimentaires. Dior et Channel peuvent aller se rhabiller, les toilettes d'Odette sont des véritables œuvres d'art d'un jour.

**Saint-Loup**
De belle prestance, aux yeux verts, portant monocle, le narrateur le décrit d'une élégance superbe. Ils font connaissance lors d'un premier séjour de Marcel à Balbec. Saint-Loup possède un brillant esprit d'une grande culture. Il a pour maîtresse Rachel, une ancienne prostituée reconvertie au théâtre et devenue actrice. Sous son influence, il est dreyfusard, parti qu'il abandonnera après la rupture, car en définitive, il n'épousera pas Rachel mais Gilberte Swann. Bien qu'il l'aime incontestablement, il la trompe sans hon-

te et entretient une liaison invertie avec Morel qu'il soutient financièrement. On le voit, Saint-Loup n'a aucun préjugé de classe. Fils du comte et de la comtesse de Marsantes, seule chose important à ses yeux : la noblesse du cœur et de l'intelligence.

**La Duchesse de Guermantes**
Le narrateur fantasme à mort sur la duchesse, épouse du douzième duc de Guermantes. Ce n'est pas tant son prénom, Marie-Oriane (tout simplement Oriane pour les intimes) que son ancêtre, Geneviève de Brabant qui la pare d'une aura de mystère à ses yeux qui provient essentiellement de la consonance de son nom.

Malheureusement, une fois aperçue à Combray, le prestige s'estompe et de personnage légendaire de contes de fées, elle devient une femme en chair et en os dont il tombe amoureux. Il va même – dans son délire imaginaire – jusqu'à la comparer à une déesse des eaux, blonde aux yeux bleus et à un personnage de lanterne magique – un personnage virtuel dont la réalité se limite à une projection sur un écran et de ce fait inaccessible. Rappelons toutefois que Proust n'avait pas d'ordinateur et que l'écran en question est un mur ou une toile. Rien à voir avec le numérique et *Startreck* ou autre bataille interstellaire. Revenons à Oriane. Elle a un bon cœur et regorge de sensibilité, ce qui ne l'empêche nullement de médire – majoritairement d'autres femmes – comme, par exemple, de Rachel à une matinée de la marquise de Villeparisis. Quant à sa tante, Madame de Montmorency, elle est pour elle « une vieille crétine ». Ce qui prouve, par ailleurs, que l'on peut très bien être noble et se nourrir de ragots.

**Le Baron de Charlus**
Plus noble, tu meurs ! Le Baron de Charlus se nomme Palamède XV, prince d'Agrigente, descendant des Condé, Duc de Brabant, Damoiseau de Montargis, Prince d'Oléron, de Carency, de Viareggio et des Dunes. Il fait partie de la famille des Ducs de Guermantes dont les membres apparaissent à de multiples endroits de *La Recherche*. En un mot c'est un aristocrate (parisien de surcroît), très en vue dans la haute société. Très cultivé, il a lu Balzac et possède une connaissance étendue des arts, il assume sa piété. Il est le frère du douzième duc de Guermantes, le beau-frère de la Duchesse Oriane et l'oncle du Marquis de Saint-Loup. En famille, il est généralement appelé par son prénom, mais le narrateur parle le plus souvent de lui comme du « Baron de Charlus ». Dans le Faubourg Saint-Germain, il est plus connu sous le sobriquet de « Mémé ». Dans Combray, les clabaudages lui attribuent une affaire avec Odette ce qui laisse Swann indifférent vu qu'il est au courant de la vraie nature de Charlus et sait pertinemment que cela ne peut être que faux. Après l'avoir rencontré à Balbec, Morel – un pianiste qui fréquente les Verdurin chez lesquels il l'introduit – deviendra son amant. Le narrateur le verra lors de son second séjour dans la ville balnéaire.
Le Baron se consolera de son expulsion du salon Verdurin en se faisant fouetter par des « bourreaux délicieux ». Le narrateur relate la tactique de séduction de Charlus qu'il trouve pour le moins ridicule.

**Françoise**
Françoise est la cuisinière de la tante Léonie chez qui la famille de Marcel passe les vacances. Pour la tante Léonie, elle est plus qu'une simple cuisinière et remplit presque la fonction de dame de compagnie, lui narrant les potins du village. Les deux femmes vivent en symbiose. Lors des vacances de Marcel passées à Combray, il s'étonne du nombre incalculable de fois où elle sert des asperges aux repas jusqu'au jour où il apprend qu'elle inflige de cette manière une sorte de punition à la fille de cuisine que l'odeur incommode quand elle les prépare. La pauvre fille sera contrainte de quitter sa place à la grande satisfaction de Françoise. Le narrateur est choqué de voir un jour Françoise tuer une volaille qu'elle invective avec cruauté : « Sale bête » crie-t-elle en maniant le couteau en égorgeant la pauvre poule affolée. Toutefois, elle est d'une dévotion sans borne pour la famille et pleure à chaudes larmes à la mort de Tante Léonie.

Pendant les vacances du narrateur et de sa grand-mère à Balbec, elle prend la défense des domestiques du grand hôtel et interdit au narrateur et à sa grand-mère de les déranger trop souvent. Elle préfère de loin tout faire elle-même que de déléguer aux autres domestiques les tâches quotidiennes. Le narrateur l'apprécie et lui est très attaché car il aime son franc-parler et sa simplicité.

**Jupien**
Jupien est en fait un giletier, un tailleur, dont l'atelier est dans l'hôtel de Guermantes. Charlus en fait son

« secrétaire » ce qui est une manière très euphémistique de dire qu'il en fait son amant. Jupien, de tailleur devient patron de bordel à soldats où le Baron de Charlus vient se transformer en Prométhée fouetté pour son plaisir par de belles petites gueules de frappes.

### Les Verdurin
Couple de bourgeois qui tiennent salon où l'on vénère l'Art et abhorre les aristocrates. Ce qui n'empêche nullement Madame Verdurin, devenue veuve, de retourner sa veste et d'épouser le duc de Guermantes.

### Vinteuil
Compositeur dont le principal mérite est d'avoir composé une phrase musicale qui rappelle à Swann son amour pour Odette

### Esltir
Peintre dont les marines ressemblent à des champs de blé et les villages se confondent avec des paysages marins.

### Tante Léonie
La tante Léonie est la grand-tante du narrateur. Le deuil de son mari l'a clouée au lit et elle passe ses journées à épier par la fenêtre de sa chambre, les allées et venues des passants et commente la vie de la rue à la bonne, Françoise. Elle sera l'exemple que suivra marcel pour écrire, lorsque à son tour, il se calfeutrera dans sa chambre, restant des journées entières au lit pour travailler à ses manuscrits.

### Bergotte

Alors qu'il est encore enfant, le narrateur lit les livres de Bergotte, un écrivain apprécié et beaucoup lu par les personnages de *La Recherche*. Norpois par contre prétend qu'il est un mauvais prosateur. Swann le connaît bien et en parle avec Marcel qui a une grande admiration pour lui. Toutefois, lors d'un dîner, ce dernier est très surpris de la différence entre l'homme qu'il s'était imaginé à partir de ses livres et celui qu'il a devant lui. Mais, dans le fond, Bergotte est un homme d'une grande bonté, comme l'apprendra Marcel. À sa mort, il fera l'objet d'un récit particulier. Il succombera à une exposition de peintures devant une œuvre de Vermeer « Vue de Delft ».

### Albertine

C'est à Balbec que le narrateur fait sa connaissance. Elle appartient à la petite bande des jeunes filles qu'il observe sur la plage. C'est pour elle qu'il aimerait entrer en contact avec le groupe. Pourtant, il feint de préférer Andrée. En visite dans sa chambre, il tente de l'embrasser, mais échoue lamentablement. Ce baiser n'aura lieu qu'une fois de retour à Paris où Albertine lui rend visite. Lors d'un second séjour à Balbec, les deux jeunes gens se retrouvent et dans *Sodome et Gomorrhe* ils sont presque toujours ensemble. Les mœurs d'Albertine sont une énigme pour Marcel qui tente de l'empêcher de voir des jeunes filles. Finalement, il la ramène avec lui à Paris et le fait qu'il reste incapable de percer à jour sa véritable identité forme un mystère qui l'attire et attise en partie son amour pour elle.

**Gilberte**
Elle est la fille de Swann et Odette. Pendant une promenade à Combray, le narrateur fait sa connaissance. Elle est son premier grand amour.

**Morel**
Musicien plus ou moins crapuleux qui séduit Charlus.

**La mémoire involontaire**
Bien sûr, dans les facteurs de la mémoire involontaire, ce surgissement du souvenir sous l'effet d'une émotion ou d'une sensation, il y a la madeleine. Ou bien encore, les pavés de Guermantes sur lesquels le narrateur bute en se rendant à la matinée chez la princesse de Guermantes qui lui procurent la même sensation de félicité que celle ressentie par l'intermédiaire de la madeleine. Une réminiscence tactile au contact de la serviette de table empesée sur sa joue qui est semblable à celle fournie par le maître d'hôtel à Balbec lui fait revivre son premier séjour à la mer. Le tintement de la cuillère heurtée par un maître d'hôtel sur une assiette lors de sa visite à la bibliothèque de la princesse lui remet en mémoire un voyage en rase campagne et la vision d'une rangée d'arbres entrevue pendant une panne qu'un employé réparait en donnant des coups de marteau. Aussi la petite phrase de Vinteuil et ses effets sur Swann. Toutefois, à côté de ces apparitions du passé, plutôt distinguées, où se côtoient le passé et le présent, le temps perdu et le temps retrouvé, il en est d'autres, moins citées et dont le proustien en herbe que vous êtes pourra faire son miel. Il s'agit du « chalet de nécessité » dans *A*

*l'ombre des jeunes filles en fleurs.* La situation est la suivante. Le narrateur doit accompagner Françoise aux toilettes (le chalet de nécessité). Dès qu'il y pénètre, les murs humides et l'odeur qui s'en dégage lui rappelle celle exhalée par la petite pièce de l'oncle Adolphe à Combray. Il est ravi et joui de cette odeur de moisi qui le transporte des Champs-Elysées à Combray et lui fait éprouver des impressions plus poétiques que le Palais-Bourbon ! C'est aussi dans *Sodome et Gomorrhe*, le grand escalier humide et sonore de Madame de Montmorency qui l'enchante par sa ressemblance à ceux des maisons de bains de même que le tintement de la sonnette le plonge dans un ravissement sans nom car il est identique à celui de la chambre d'Eulalie. C'est toutefois à la suite des résurrections de Venise, de la campagne et de Balbec qu'il constate que seule l'œuvre d'art permet l'analyse des sensations. Interprétation confirmée par la lecture de *François le Champi* de George Sand dans la bibliothèque qui le ramène à Combray et lui fait revivre la scène du baiser contrarié par la présence de Swann relatée dans *Combray*.

La mémoire involontaire est due au hasard. Il s'agit, au début, d'une impression sensuelle, une voix profonde qui tient de l'essence de la réalité. Mais, la mémoire ne renvoie pas uniquement à un moment du passé. Premièrement, le héros devient conscient de son découragement qui s'évanouit alors qu'il pose le pied sur un pavé légèrement plus haut que l'autre. Ensuite, il devient confiant : « Tout doute intellectuel était dissipé » dit-il. Il baigne dans la félicité. Puis, il a une vision très précise : un endroit : Venise : le baptistère de Saint-Marc.

## Quelques mots sur l'auteur

Marcel Proust est né le 10 juillet 1871 à vingt heures trente dans la maison de son grand-oncle maternel à Auteuil, d'une mère juive, Jeanne Weil, fille d'un riche agent de change, pleine d'ambition pour son fils et d'un père catholique, Adrien Proust, médecin de profession. La vie de Marcel peut se résumer en quelques phrases sur le mode négatif. Il n'a jamais eu de travail régulier (lisez : il n'a jamais dû gagner sa croûte), il n'a jamais quitté le domicile familial du vivant de ses parents, il n'a jamais convolé en justes ou injustes noces.

Son père meurt en 1903 et sa mère en 1905. Le deuil de sa mère l'affectera pendant plusieurs années et après ces deux décès familiaux, sa santé se détériore rapidement. Proust vit en reclus dans un appartement – tapissé de liège pour étouffer les bruits venant du dehors – qui reste le plus souvent hermétiquement clos. Il s'épuise à la tâche en travaillant la nuit, se reposant plus ou moins dans la journée. Il publie son œuvre principale *À la recherche du temps perdu* entre 1913 et 1927. En 1919, le prix Goncourt lui échoit pour *À l'ombre des jeunes filles en fleurs*.

Toute sa vie, Proust habita Paris. Il fit plusieurs séjours plus ou moins longs en sanatorium et passa des vacances en Italie, à Illiers – qui fut rebaptisé Illiers-Combray en honneur de l'écrivain – et sur les bords de la Manche près de Cabourg et Trouville, ce qui devient Balbec dans *La Recherche*. Proust suivi de brillantes études au lycée Condorcet et il obtint une licence de Lettres. Il fréquenta les salons littéraires et collabora à une petite revue (comme quoi vous voyez où cela peut mener !).

Proust a connu tous les lieux qu'il évoque dans *La Recherche* et les descriptions de Paris y sont nombreuses. Il était plus un observateur qu'un acteur dans la société, toutefois, il soutenait Dreyfus, non parce qu'il était juif – Proust fut élevé dans la foi catholique et devint athée –, mais parce qu'il voulait que la vérité et la justice triomphent. Dans sa lutte – car c'en était une –, il fut le premier à faire circuler une pétition en faveur du capitaine calomnié.

Bien que d'apparence fragile et complètement hypocondriaque (il avalait des quantités astronomiques de drogues en toutes sortes pour des maladies imaginaires ou non), il possédait une volonté de fer et une capacité de travail énorme que sa neurasthénie n'entamait aucunement.

Proust était mécontent de son aspect physique, mais il se consolait avec l'idée que nous tenons au fond de nous-mêmes un moi caché totalement différent de notre moi social. Il professait que ce moi est notre moi véritable et le producteur de notre créativité. La création littéraire est, selon lui, indépendante de ce que nous laissons voir en société. En cela, il divergeait de Sainte-Beuve avec lequel il s'est querellé à maintes reprises – ce qui donna un ouvrage : *Contre Sainte-Beuve*. Sainte-Beuve pensait en fait tout le contraire. Selon lui, pour comprendre un artiste, il fallait examiner sa vie et le milieu culturel dont il était issu car cela produisait l'interaction nécessaire à sa créativité.

Se plonger dans la lecture de Proust et surtout de *La Recherche*, est une expérience inoubliable et la découverte d'une sensibilité extraordinaire dans toutes ses nuances. Proust démontre, dans un phrasé inimitable, les mécanismes de l'esprit, du cœur, des émotions et de l'âme humaine.

Gide conseilla négativement sur la publication de *La Recherche*. Il voyait en Proust un dilettante snob et friqué qui s'égarait en littérature pour passer le temps. Ce en quoi il se trompait grandement, Proust n'a jamais passé le temps à quoi que ce soit, il le recherchait. Enfin, ces conseils gidiens de ne pas prendre au sérieux le travail de Marcel conduisirent ce dernier à publier ses deux premiers ouvrages à compte d'auteur avec le succès conséquent que l'on sait.

Comme vous pouvez le constater, devenir proustien est chose aisée. Après la lecture de ce qui précède, vous l'êtes devenu. Toutefois, lire Proust est irremplaçable.

**Les Incontournables et quelques autres passages**

Un proustien pur-sang se devra de connaître les premiers paragraphes. Il vous est vivement conseillé de méditer sur ce point. Libre à vous ensuite d'aller de l'avant ou non dans votre lecture, mais les passages qui suivent sont indispensables à votre crédibilité :

**Les premiers paragraphes :**
*Longtemps, je me suis couché de bonne heure. Parfois, à peine ma bougie éteinte, mes yeux se fermaient si vite que je n'avais pas le temps de me dire : « Je m'endors. » Et, une demi-heure après, la pensée qu'il était temps de chercher le sommeil m'éveillait ; je voulais poser le volume que je croyais avoir encore dans les mains et souffler ma lumière ; je n'avais pas cessé en dormant de faire des réflexions sur ce que je venais de lire, mais ces réflexions avaient pris un tour un peu particulier ; il me semblait que j'étais moi-même ce dont parlait l'ouvrage: une église, un quatuor, la rivalité de François Ier et de Charles Quint. Cette croyance survivait pendant quelques secondes à mon réveil ; elle ne choquait pas ma raison mais pesait comme des écailles sur mes yeux et les empêchait de se rendre compte que le bougeoir n'était plus allumé. Puis elle commençait à me devenir inintelligible, comme après la métempsycose les pensées d'une existence antérieure ; le sujet du livre se détachait de moi, j'étais libre de m'y appliquer ou non ; aussitôt je recouvrais la vue et j'étais bien étonné de trouver autour de moi une obscurité, douce et reposante pour mes yeux, mais peut-être plus encore pour mon esprit, à qui elle apparaissait comme une chose sans cause,*

*incompréhensible, comme une chose vraiment obscure. Je me demandais quelle heure il pouvait être ; j'entendais le sifflement des trains qui, plus ou moins éloigné, comme le chant d'un oiseau dans une forêt, relevant les distances, me décrivait l'étendue de la campagne déserte où le voyageur se hâte vers la station prochaine ; et le petit chemin qu'il suit va être gravé dans son souvenir par l'excitation qu'il doit à des lieux nouveaux, à des actes inaccoutumés, à la causerie récente et aux adieux sous la lampe étrangère qui le suivent encore dans le silence de la nuit, à la douceur prochaine du retour.*

*J'appuyais tendrement mes joues contre les belles joues de l'oreiller qui, pleines et fraîches, sont comme les joues de notre enfance. Je frottais une allumette pour regarder ma montre. Bientôt minuit. C'est l'instant où le malade, qui a été obligé de partir en voyage et a dû coucher dans un hôtel inconnu, réveillé par une crise, se réjouit en apercevant sous la porte une raie de jour. Quel bonheur c'est déjà le matin ! Dans un moment les domestiques seront levés, il pourra sonner, on viendra lui porter secours. L'espérance d'être soulagé lui donne du courage pour souffrir. Justement il a cru entendre des pas ; les pas se rapprochent, puis s'éloignent. Et la raie de jour qui était sous sa porte a disparu. C'est minuit ; on vient d'éteindre le gaz ; le dernier domestique est parti et il faudra rester toute la nuit à souffrir sans remède.*

*Je me rendormais, et parfois je n'avais plus que de courts réveils d'un instant, le temps d'entendre les*

*craquements organiques des boiseries, d'ouvrir les yeux pour fixer le kaléidoscope de l'obscurité, de goûter grâce à une lueur momentanée de conscience le sommeil où étaient plongés les meubles, la chambre, le tout dont je n'étais qu'une petite partie et à l'insensibilité duquel je retournais vite m'unir. Ou bien en dormant j'avais rejoint sans effort un âge à jamais révolu de ma vie primitive, retrouvé telle de mes terreurs enfantines comme celle que mon grand-oncle me tirât par mes boucles et qu'avait dissipée le jour, – date pour moi d'une ère nouvelle, – où on les avait coupées.*
*J'avais oublié cet événement pendant mon sommeil, j'en retrouvais le souvenir aussitôt que j'avais réussi à m'éveiller pour échapper aux mains de mon grand-oncle, mais par mesure de précaution j'entourais complètement ma tête de mon oreiller avant de retourner dans le monde des rêves.*

*Quelquefois, comme Ève naquit d'une côte d'Adam, une femme naissait pendant mon sommeil d'une fausse position de ma cuisse. Formée du plaisir que j'étais sur le point de goûter, je m'imaginais que c'était elle qui me l'offrait.*
*Mon corps qui sentait dans le sien ma propre chaleur voulait s'y rejoindre, je m'éveillais. Le reste des humains m'apparaissait comme bien lointain auprès de cette femme que j'avais quittée il y avait quelques moments à peine ; ma joue était chaude encore de son baiser, mon corps courbaturé par le poids de sa taille. Si, comme il arrivait quelquefois, elle avait les traits d'une femme que j'avais connue dans la vie, j'allais me donner tout entier à ce but : la retrouver,*

*comme ceux qui partent en voyage pour voir de leurs yeux une cité désirée et s'imaginent qu'on peut goûter dans une réalité le charme du songe.*
*Peu à peu son souvenir s'évanouissait, j'avais oublié la fille de mon rêve.*

Vous voyez, ce n'est pas bien sorcier. Il suffit de lire et de se laisser bercer par les mots.

**La madeleine**
Le « passage de la madeleine » est un *must*. Proust y décrit les mécanismes de la mémoire involontaire, un concept que vous devez posséder à fond. Vous devrez l'avoir lu et relu maintes fois pour en saisir toutes les nuances et vous pénétrer de la chose.

*Il y avait déjà bien des années que, de Combray, tout ce qui n'était pas le théâtre et le drame de mon coucher, n'existait plus pour moi, quand un jour d'hiver, comme je rentrais à la maison, ma mère, voyant que j'avais froid, me proposa de me faire prendre, contre mon habitude, un peu de thé. Je refusai d'abord et, je ne sais pourquoi, me ravisai. Elle envoya chercher un de ces gâteaux courts et dodus appelés Petites Madeleines qui semblent avoir été moulés dans la valve rainurée d'une coquille de Saint-Jacques. Et bientôt, machinalement, accablé par la morne journée et la perspective d'un triste lendemain, je portai à mes lèvres une cuillerée du thé où j'avais laissé s'amollir un morceau de madeleine. Mais à l'instant même où la gorgée mêlée des miettes du gâteau toucha mon palais, je tressaillis, attentif à ce qui se passait d'extraordinaire en moi. Un plaisir délicieux m'avait*

envahi, isolé, sans la notion de sa cause. Il m'avait aussitôt rendu les vicissitudes de la vie indifférentes, ses désastres inoffensifs, sa brièveté illusoire, de la même façon J'avais cessé de me sentir médiocre, contingent, mortel. D'où avait pu me venir cette puissante joie ? Je sentais qu'elle était liée au goût du thé et du gâteau, mais qu'elle le dépassait infiniment ne devait pas être de même nature.
D'où venait-elle ? Que signifiait-elle ? Où l'appréhender ? Je bois une seconde gorgée où je ne trouve rien de plus que dans la première, une troisième qui m'apporte un peu moins que la seconde. Il est temps que je m'arrête, la vertu du breuvage semble diminuer. Il est clair que la vérité que je recherche n'est pas en lui, mais en moi. Il l'y a éveillée, mais ne la connaît pas, et ne peut que répéter indéfiniment, avec de moins en moins de force, ce même témoignage que je ne sais pas interpréter et que je veux au moins pouvoir lui redemander et retrouver intact, à ma disposition, tout à l'heure, pour un éclaircissement décisif. Je pose la tasse et me tourne vers mon esprit. C'est à lui de trouver la vérité. Mais comment ? Grave incertitude, toutes les fois que l'esprit se sent dépassé par lui-même ; quand lui, le chercheur, est tout ensemble le pays obscur où il doit chercher et où tout son bagage ne lui sera de rien. Chercher ? Pas seulement : créer. Il est en face de quelque chose qui n'est pas encore et que seul il peut réaliser et faire entrer dans sa lumière.
Et je recommence à me demander quel pouvait être cet état inconnu, qui n'apportait aucune preuve logique, mais l'évidence de sa félicité, de sa réalité devant laquelle les autres s'évanouissaient. Je veux es-

*sayer de le faire réapparaître. Je rétrograde par la pensée au moment où je pris la première cuillerée de thé. Je retrouve le même état, sans une clarté nouvelle. Je demande à mon esprit un effort de plus, de ramener encore une fois la sensation qui s'enfuit. Et, pour que rien ne brise l'élan dont il va tâcher de la ressaisir, j'écarte tout obstacle, toute idée étrangère, j'abrite mes oreilles et mon attention contre les bruits de la chambre voisine. Mais sentant mon esprit qui se fatigue sans réussir, je le force au contraire à prendre cette distraction que je lui refusais, à penser à autre chose, à se refaire avant une tentative suprême.*
*Puis une deuxième fois, je fais le vide devant lui, je remets en face de lui la saveur encore récente de cette première gorgée et je sens tressaillir en moi quelque chose qui se déplace, voudrait s'élever, quelque chose qu'on aurait désancré, à une grande profondeur ; je ne sais ce que c'est, mais cela monte lentement ; j'éprouve la résistance et j'entends la rumeur des distances traversées.*
*Certes, ce qui palpite ainsi au fond de moi, ce doit être l'image, le souvenir visuel, qui, lié à cette saveur, tente de la suivre jusqu'à moi. Mais il se débat trop loin, trop confusément ; à peine si je perçois le reflet neutre où se confond l'insaisissable tourbillon des couleurs remuées ; mais je ne peux distinguer la forme, lui demander, comme au seul interprète possible, de me traduire le témoignage de sa contemporaine, de son inséparable compagne, ma saveur, lui demander de m'apprendre de quelle circonstance particulière, de quelle époque du passé il s'agit.*
*Arrivera-t-il jusqu'à la surface de ma claire conscience, ce souvenir, l'instant ancien que l'attraction*

*d'un instant identique est venue de si loin solliciter, émouvoir, soulever tout au fond de moi ? Je ne sais. Maintenant je ne sens plus rien, il s'est arrêté, redescendu peut-être ; qui sait s'il remontera jamais de sa nuit ? Dix fois il me faut recommencer, me pencher vers lui. Et chaque fois la lâcheté qui nous détourne de toute tâche difficile, de toute œuvre importante, m'a conseillé de laisser cela, de boire mon thé en pensant simplement à mes ennuis d'aujourd'hui, à mes désirs de demain qui se laissent remâcher sans peine.*
*Et tout d'un coup le souvenir m'est apparu. Ce goût c'était celui du petit morceau de madeleine que le dimanche matin à Combray (parce que ce jour-là je ne sortais pas avant l'heure de la messe), quand l'allais lui dire bonjour dans sa chambre, ma tante Léonie m'offrait après l'avoir trempé dans son infusion de thé ou de tilleul. La vue de la petite madeleine ne m'avait rien rappelé avant que je n'y eusse goûté ; peut-être parce que, en ayant souvent aperçu depuis, sans en manger, sur les tablettes des pâtissiers, leur image avait quitter ces jours de Combray pour se lier à d'autres plus récents, peut-être parce que de ces souvenirs abandonnés si longtemps hors de la mémoire, rien ne survivait, tout s'était désagrégé ; les formes – et celle aussi du petit coquillage de pâtisserie, si grassement sensuel, sous son plissage sévère et dévot – s'étaient abolies, ou, ensommeillées, avaient perdu la force d'expansion qui leur eût permis de rejoindre la conscience. Mais, quand d'un passé ancien rien ne subsiste, après la mort des êtres, après la destruction des choses, seules, plus frêles mais plus vivaces, plus immatérielles, plus persistantes, plus fidèles,*

*l'odeur et la saveur restent encore longtemps, comme des âmes, à se rappeler, à attendre, à espérer, sur la ruine de tout le reste, à porter sans fléchir, sur leur gouttelette presque impalpable, l'édifice immense du souvenir.*
*Et dès que j'eus reconnu le goût du morceau de madeleine trempé dans le tilleul que me donnait ma tante (quoique je ne susse pas encore et dusse remettre à bien plus tard de découvrir pourquoi ce souvenir me rendait si heureux), aussitôt la vieille maison grise sur la rue, où était sa chambre, vint comme un décor de théâtre s'appliquer au petit pavillon, donnant sur le jardin, qu'on avait construit pour mes parents sur ses derrières (ce pan tronqué que seul j'avais revu jusque-là) ; et avec la maison, la ville, depuis le matin jusqu'au soir et par tous les temps, la Place où on l'envoyait avant le déjeuner, les rues où j'allais faire des courses, les chemins qu'on prenait si le temps était beau. Et comme dans ce jeu où les Japonais s'amusent à tremper dans un bol de porcelaine rempli d'eau, de petits morceaux de papier jusque-là indistincts qui, à peine y sont-ils plongés s'étirent, se contournent, se colorent, se différentient, deviennent des fleurs, des maisons, des personnages consistants et reconnaissables, de même maintenant toutes les fleurs de notre jardin et celles du parc de M. Swann, et les nymphéas de la Vivonne, et les bonnes gens du village et leurs petits logis et l'église et tout Combray et ses environs, tout cela qui prend forme et solidité, est sorti, ville et jardins, de ma tasse de thé.*

**La scène du baiser**
Tout comme le passage précédent celui dit « du baiser » est tout aussi indispensable pour comprendre un tant soit peu Proust et suivre une conversation proustienne. Comme indiqué plus haut, la mère de Marcel ne vient pas l'embrasser les soirs où la famille reçoit. Décrit par Proust, c'est tout un univers qui se déploie.

*Ma seule consolation, quand je montais me coucher, était que maman viendrait m'embrasser quand je serais dans mon lit. Mais ce bonsoir durait si peu de temps, elle redescendait si vite, que le moment où je l'entendais monter, puis où passait dans le couloir à double porte le bruit léger de sa robe de jardin en mousseline bleue, à laquelle pendaient de petits cordons de paille tressée, était pour moi un moment douloureux. Il annonçait celui qui allait le suivre, où elle m'aurait quitté, où elle serait redescendue. De sorte que ce bonsoir que j'aimais tant, j'en arrivais à souhaiter qu'il vînt le plus tard possible, à ce que se prolongeât le temps de répit où maman n'était pas encore venue.*
*Quelquefois quand, après m'avoir embrassé, elle ouvrait la porte pour partir, je voulais la rappeler, lui dire « embrasse-moi une fois encore », mais je savais qu'aussitôt elle aurait son visage fâché, car la concession qu'elle faisait à ma tristesse et à mon agitation en montant m'embrasser, en m'apportant ce baiser de paix, agaçait mon père qui trouvait ces rites absurdes, et elle eût voulu tâcher de m'en faire perdre le besoin, l'habitude, bien loin de me laisser prendre celle de lui demander, quand elle était déjà sur le pas de la porte, un baiser de plus. Or la voir*

*fâchée détruisait tout le calme qu'elle m'avait apporté un instant avant, quand elle avait penché vers mon lit sa figure aimante, et me l'avait tendue comme une hostie pour une communion de paix où mes lèvres puiseraient sa présence réelle et le pouvoir de m'endormir. Mais ces soirs-là, où maman en somme restait si peu de temps dans ma chambre, étaient doux encore en comparaison de ceux où il y avait du monde à dîner et où, à cause de cela, elle ne montait pas me dire bonsoir. Le monde se bornait habituellement à M. Swann, qui, en dehors de quelques étrangers de passage, était à peu près la seule personne qui vînt chez nous à Combray, quelquefois pour dîner en voisin (plus rarement depuis qu'il avait fait ce mauvais mariage, parce que mes parents ne voulaient pas recevoir sa femme), quelquefois après le dîner, à l'improviste. Les soirs où, assis devant la maison sous le grand marronnier, autour de la table de fer, nous entendions au bout du jardin, non pas le grelot profus et criard qui arrosait, qui étourdissait au passage de son bruit ferrugineux, intarissable et glacé, toute personne de la maison qui le déclenchait en entrant « sans sonner », mais le double tintement timide, ovale et doré de la clochette pour les étrangers, tout le monde aussitôt se demandait : « Une visite, qui cela peut-il être ? » mais on savait bien que cela ne pouvait être que M. Swann ; ma grand'tante parlant à haute voix, pour prêcher d'exemple, sur un ton qu'elle s'efforçait de rendre naturel, disait de ne pas chuchoter ainsi ; que rien n'est plus désobligeant pour une personne qui arrive et à qui cela fait croire qu'on est en train de dire des choses qu'elle ne doit pas entendre ; et on envoyait en éclaireur ma grand'mère, toujours heureuse d'avoir un prétexte pour faire un tour de jardin de plus, et qui en profitait pour arracher subrepticement au passage quelques tuteurs de rosiers afin de rendre aux roses un peu de naturel, comme une mère qui, pour les faire bouffer, passe la main dans les cheveux de son fils que le coiffeur a trop aplatis.*

Mais le seul d'entre nous pour qui la venue de Swann devint l'objet d'une préoccupation douloureuse, ce fut moi. C'est que les soirs où des étrangers, ou seulement M. Swann, étaient là, maman ne montait pas dans ma chambre. Je dînais avant tout le monde et je venais ensuite m'asseoir à table, jusqu'à huit heures où il était convenu que je devais monter ; ce baiser si précieux et fragile que maman me confiait d'habitude dans mon lit au moment de m'endormir il me fallait le transposter de la salle à manger dans ma chambre et le garder pendant tout le temps que je me déshabillais, sans que se brisât sa douceur, sans que se répandit et s'évapora sa vertu volatile et, juste ces soirs-là où j'aurais eu besoin de le recevoir avec plus de précaution, il fallait que je le prisse, que je le dérobasse brusquement, publiquement, sans même avoir le temps et la liberté d'esprit nécessaires pour porter à ce que je faisais cette attention des maniaques qui s'efforcent de ne pas penser à autre chose pendant qu'ils ferment une porte, pour pouvoir, quand l'incertitude maladive leur revient, lui opposer victorieusement le souvenir du moment où ils l'avaient fermée.

## Le nom orange de la Duchesse de Guermantes

L'imaginaire de Marcel – on l'aura compris – est sans bornes. Il fantasme sur la duchesse et son nom lui fait entrevoir un univers au-delà des sonorités des syllabes.

*Jamais dans la promenade du côté de Guermantes nous ne pûmes remonter jusqu'aux sources de la Vivonne, auxquelles j'avais souvent pensé et qui avaient pour moi une existence si abstraite, si idéale, que j'avais été aussi surpris quand on m'avait dit qu'elles se trouvaient dans le département, à une certaine distance kilométrique de Combray, que le jour où j'avais appris qu'il y avait un autre point précis de la terre où s'ouvrait, dans l'antiquité, l'entrée des Enfers. Jamais non plus nous ne pûmes pousser jusqu'au terme que j'eusse tant souhaité d'atteindre, jusqu'à Guermantes. Je savais que là résidaient des châtelains, le duc et la duchesse de Guermantes, je savais qu'ils étaient des personnages réels et actuellement existants, mais chaque fois que je pensais à eux, je me les représentais tantôt en tapisserie, comme était la comtesse de Guermantes, dans le « Couronnement d'Esther » de notre église, tantôt de nuances changeantes comme était Gilbert le Mauvais dans le vitrail où il passait du vert chou au bleu prune selon que j'étais encore à prendre de l'eau bénite ou que j'arrivais à nos chaises, tantôt tout à fait impalpables comme l'image de Geneviève de Brabant, ancêtre de la famille de Guermantes, que la lanterne magique promenait sur les rideaux de ma chambre ou faisait monter au plafond, – enfin toujours enveloppés du mystère des temps mérovingiens et baignant comme dans un coucher de soleil dans la lumière orangée qui émane de cette syllabe :* « *antes* ».

**Les asperges**
Où l'on peut lire la capacité de Proust à exposer un légume de telle sorte que
l'on ne le verra plus jamais de la même façon.

*À cette heure où je descendais apprendre le menu, le dîner était déjà commencé, et Françoise, commandant aux forces de la nature devenues ses aides, comme dans les féeries où les géants se font engager comme cuisiniers, frappait à houille, donnait à la vapeur des pommes de terre à étuver et faisait finir à point par le feu les chefs-d'œuvre culinaires d'abord préparés dans des récipients de céramistes qui allaient des grandes cuves, marmites, chaudrons et poissonnières, aux terrines pour le gibier, moules à pâtisserie, et petits pots de crème en passant par une collection complète de casseroles de toutes dimensions. Je m'arrêtais à voir sur la table, où la fille de cuisine venait de les écosser, les petits pois alignés et nombrés comme des billes de verre dans un jeu ; mais mon ravissement était devant les asperges, tremper d'outre-mer et de rose dont l'épi, finement pignoché de mauve et d'azur, se dégrade insensiblement jusqu'au pied – encore souillé pourtant du sol de leur plant – par des irisations qui ne sont pas de la terre. Il me semblait que ces nuances célestes trahissaient les délicieuses créatures qui s'étaient amusées à se métamorphoser en légumes et qui, à travers le déguisement de leur chair comestible et ferme, laissaient apercevoir en ces couleurs naissantes d'aurore, en ces ébauches d'arc-en-ciel, en cette extinction de soirs bleus, cette essence précieuse que je reconnaissais encore quand, toute la nuit qui suivait un dîner où j'en avais mangé, elles jouaient, dans leurs farces poétiques et grossières comme une féerie de Shakespeare, à changer mon pot de chambre en un vase de parfum.*

## La Charité de Giotto
Swann, grand connaisseur et amateur d'art, voit dans tous les personnages des tableaux ou des sculptures connues. Pour la fille de cuisine, c'est la Charité de Giotto.

*L'année où nous mangeâmes tant d'asperges, la fille de cuisine habituellement chargée de les « plumer » était une pauvre créature maladive, dans un état de grossesse déjà assez avancé quand nous arrivâmes à Pâques, et on s'étonnait même que Françoise lui laissât faire tant de courses et de besogne, car elle commençait à porter difficilement devant elle la mystérieuse corbeille, chaque jour plus remplie, dont on devinait sous ses amples sarraux la forme magnifique. Ceux-ci rappelaient les houppelandes qui revêtent certaines des figures symboliques de Giotto dont M. Swann m'avait donné des photographies. C'est lui-même qui nous l'avait fait remarquer et quand il nous demandait des nouvelles de la fille de cuisine, il nous disait : « Comment va la Charité de Giotto ? » D'ailleurs elle-même, la pauvre fille, engraissée par sa grossesse, jusqu'à la figure, jusqu'aux joues qui tombaient droites et carrées, ressemblait en effet assez à ces vierges, fortes et hommasses, matrones plu-*

*tôt, dans lesquelles les vertus sont personnifiées à l'Arena. Et je me rends compte maintenant que ces Vertus et ces Vices de Padoue lui ressemblaient encore d'une autre manière. De même que l'image de cette fille était accrue par le symbole ajouté qu'elle portait devant son ventre, sans avoir l'air d'en comprendre le sens, sans que rien dans son visage en traduisît la beauté et l'esprit, comme un simple et pesant fardeau, de même c'est sans paraître s'en douter que la puissante ménagère qui est représentée à l'Arena au-dessous du nom « Caritas » et dont la reproduction était accrochée au mur de ma salle d'études, à Combray, incarne cette vertu, c'est sans qu'aucune pensée de charité semble avoir jamais pu être exprimée par son visage énergique et vulgaire. Par une belle invention du peintre elle foule aux pieds les trésors de la terre, mais absolument comme si elle piétinait des raisins pour en extraire le jus ou plutôt comme elle aurait monté sur des sacs pour se hausser ; et elle tend à Dieu son cœur enflammé, disons mieux, elle le lui « passe », comme une cuisinière passe un tire-bouchon par le soupirail de son sous-sol à quelqu'un qui le lui demande à la fenêtre du rez-de-chaussée. L'Envie, elle, aurait eu davantage une certaine expression d'envie. Mais dans cette fresque-là encore, le symbole tient tant de place et est représenté comme si réel, le serpent qui siffle aux lèvres de l'Envie est si gros, il lui remplit si complètement sa bouche grande ouverte, que les muscles de sa figure sont distendus pour pouvoir le contenir, comme ceux d'un enfant qui gonfle un ballon avec son souffle, et que l'attention de l'Envie – et la nôtre du même coup – tout entière concentrée sur l'action de ses lèvres, n'a guère de*

*temps à donner à d'envieuses pensées.*
*Malgré toute l'admiration que M. Swann professait pour ces figures de Giotto, je n'eus longtemps aucun plaisir à considérer dans notre salle d'études, où on avait accroché les copies qu'il m'en avait rapportées, cette Charité sans charité, cette Envie qui avait l'air d'une planche illustrant seulement dans un livre de médecine la compression de la glotte ou de la luette par une tumeur de la langue ou par l'introduction de l'instrument de l'opérateur, une Justice, dont le visage grisâtre et mesquinement régulier était celui-là même qui, à Combray, caractérisait certaines jolies bourgeoises pieuses et sèches que je voyais à la messe et dont plusieurs étaient enrôlées d'avance dans les milices de réserve de l'Injustice. Mais plus tard j'ai compris que l'étrangeté saisissante, la beauté spéciale de ces fresques tenait à la grande place que le symbole y occupait, et que le fait qu'il fût représenté non comme un symbole puisque la pensée symbolisée n'était pas exprimée, mais comme réel, comme effectivement subi ou matériellement manié, donnait à la signification de l'œuvre quelque chose de plus littéral et de plus précis, à son enseignement quelque chose de plus concret et de plus frappant. Chez la pauvre fille de cuisine, elle aussi, l'attention n'était-elle pas sans cesse ramenée à son ventre par le poids qui le tirait ; et de même encore, bien souvent la pensée des agonisants est tournée vers le côté effectif, douloureux, obscur, viscéral, vers cet envers de la mort qui est précisément le côté qu'elle leur présente, qu'elle leur fait rudement sentir et qui ressemble beaucoup plus à un fardeau qui les écrase, à une difficulté de respirer, à un besoin de boire, qu'à ce que*

*nous appelons l'idée de la mort.*
*Il fallait que ces Vertus et ces Vices de Padoue eussent en eux bien de la réalité puisqu'ils m'apparaissaient comme aussi vivants que la servante enceinte, et qu'elle-même ne me semblait pas beaucoup moins allégorique. Et peut-être cette non-participation (du moins apparente) de l'âme d'un être à la vertu qui agit par lui, a aussi en dehors de sa valeur esthétique une réalité sinon psychologique, au moins, comme on dit, physiognomonique. Quand, plus tard, j'ai eu l'occasion de rencontrer, au cours de ma vie, dans des couvents par exemple, des incarnations vraiment saintes de la charité active, elles avaient généralement un air allègre, positif, indifférent et brusque de chirurgien pressé, ce visage où ne se lit aucune commisération, aucun attendrissement devant la souffrance humaine, aucune crainte de la heurter, et qui est le visage sans douceur, le visage antipathique et sublime de la vraie bonté.*
*Pendant que la fille de cuisine, – faisant briller involontairement la supériorité de Françoise, comme l'Erreur, par le contraste, rend plus éclatant le triomphe de la Vérité – servait du café qui, selon maman n'était que de l'eau*
*chaude, et montait ensuite dans nos chambres de l'eau chaude qui était à peine tiède, je m'étais étendu sur mon lit, un livre à la main, dans ma chambre qui protégeait en tremblant sa fraîcheur transparente et fragile contre le soleil de l'après-midi derrière ses volets presque clos où un reflet de jour avait pourtant trouvé moyen de faire passer ses ailes jaunes, et restait immobile entre le bois et le vitrage, dans un coin, comme un papillon posé. Il faisait à peine assez clair*

*pour lire, et la sensation de la splendeur de la lumière ne m'était donnée que par les coups frappés dans la rue de la Cure par Camus (averti par Françoise que ma tante ne « reposait pas » et qu'on pouvait faire du bruit) contre des caisses poussiéreuses, mais qui, retentissant dans l'atmosphère sonore, spéciale aux temps chauds, semblaient faire voler au loin des astres écarlates ; et aussi par les mouches qui exécutaient devant moi, dans leur petit concert, comme la musique de chambre de l'été : elle ne l'évoque pas à la façon d'un air de musique humaine, qui, entendu par hasard à la belle saison, vous la rappelle ensuite; elle est unie à l'été par un lien plus nécessaire : née des beaux jours, ne renaissant qu'avec eux, contenant un peu de leur essence, elle n'en réveille pas seulement l'image dans notre mémoire, elle en certifie le retour, la présence effective, ambiante, immédiatement accessible.*

**Le passage des soldats**
À la lecture, vous pourrez pleinement apprécier l'ambiance dans laquelle le jeune héros grandit. Ce passage vous permettra de briller et étaler vos connaissances proustiennes après l'avoir bien assimilé et, pourquoi pas analysé.

*Quelquefois j'étais tiré de ma lecture, dès le milieu de l'après-midi par la fille du jardinier, qui courait comme une folle, renversant sur son passage un oranger, se coupant un doigt, se cassant une dent et criant : « Les voilà, les voilà ! » pour que Françoise et moi nous accourions et ne manquions rien du spectacle. C'était les jours où, pour des manœuvres de*

*garnison, la troupe traversait Combray, prenant généralement la rue Sainte-Hildegarde. Tandis que nos domestiques, assis en rang sur des chaises en dehors de la grille, regardaient les promeneurs dominicaux de Combray et se faisaient voir d'eux, la fille du jardinier par la fente que laissaient entre elles deux maisons lointaines de l'avenue de la Gare, avait aperçu l'éclat des casques. Les domestiques avaient rentré précipitamment leurs chaises, car quand les cuirassiers défilaient rue Sainte-Hildegarde, ils en remplissaient toute la largeur, et le galop des chevaux rasait les maisons couvrant les trottoirs submergés comme des berges qui offrent un lit trop étroit à un torrent déchaîné.*
— *« Pauvres enfants, disait Françoise à peine arrivée à la grille et déjà en larmes ; pauvre jeunesse qui sera fauchée comme un pré ; rien que d'y penser j'en suis choquée », ajoutait-elle en mettant la main sur son cœur, là où elle avait reçu ce choc.*
— *« C'est beau, n'est-ce pas, madame Françoise, de voir des jeunes gens qui ne tiennent pas à la vie ? disait le jardinier pour la faire « monter ».*
*Il n'avait pas parlé en vain :*
— *« De ne pas tenir à la vie ? Mais à quoi donc qu'il faut tenir, si ce n'est pas à la vie, le seul cadeau que le bon Dieu ne fasse jamais deux fois. Hélas! mon Dieu ! C'est pourtant vrai qu'ils n'y tiennent pas ! Je les ai vus en 70 ; ils n'ont plus peur de la mort, dans ces misérables guerres ; c'est ni plus ni moins des fous ; et puis ils ne valent plus la corde pour les pendre, ce n'est pas des hommes, c'est des lions. » (Pour Françoise la comparaison d'un homme à un lion, qu'elle prononçait li-on, n'avait rien de flatteur.)*

*La rue Sainte-Hildegarde tournait trop court pour qu'on pût voir venir de loin, et c'était par cette fente entre les deux maisons de l'avenue de la gare qu'on apercevait toujours de nouveaux casques courant et brillant au soleil. Le jardinier aurait voulu savoir s'il y en avait encore beaucoup à passer, et il avait soif, car le soleil tapait. Alors tout d'un coup, sa fille s'élançant comme d'une place assiégée, faisait une sortie, atteignait l'angle de la rue, et après avoir bravé cent fois la mort, venait nous rapporter, avec une carafe de coco, la nouvelle qu'ils étaient bien un mille qui venaient sans arrêter, du côté de Thiberzy et de Méséglise. Françoise et le jardinier, réconciliés, discutaient sur la conduite à tenir en cas de guerre :*
*— « Voyez-vous, Françoise, disait le jardinier, la révolution vaudrait mieux,*
*parce que quand on la déclare il n'y a que ceux qui veulent partir qui y vont. »*
*— « Ah ! oui, au moins je comprends cela, c'est plus franc. »*
*Le jardinier croyait qu'à la déclaration de guerre on arrêtait tous les chemins de fer.*
*— « Pardi, pour pas qu'on se sauve », disait Françoise.*
*Et le jardinier : « Ah ! ils sont malins », car il n'admettait pas que la guerre ne fût pas une espèce de mauvais tour que l'État essayait de jouer au peuple et que, si on avait eu le moyen de le faire, il n'est pas une seule personne qui n'eût filé.*

**Le côté de Méséglise et le côté de Guermantes**
Ces lignes suivantes sont absolument indispensables et à méditer. Toute la structure de *La Recherche* s'y trouve.

*Car il y avait autour de Combray deux « côtés » pour les promenades, et si opposés qu'on ne sortait pas en effet de chez nous par la même porte, quand on voulait aller d'un côté ou de l'autre : le côté de Méséglise-la-Vineuse, qu'on appelait aussi le côté de chez Swann parce qu'on passait devant la propriété de M. Swann pour aller par là, et le côté de Guermantes. De Méséglise-la-Vineuse, à vrai dire, je n'ai jamais connu que le « côté » et des gens étrangers qui venaient le dimanche se promener à Combray, des gens que, cette fois, ma tante elle-même et nous tous ne « connaissions point » et qu'à ce signe on tenait pour « des gens qui seront venus de Méséglise ». Quant à Guermantes je devais un jour en connaître davantage, mais bien plus tard seulement ; et pendant toute mon adolescence, si Méséglise était pour moi quelque chose d'inaccessible comme l'horizon, dérobé à la vue, si loin qu'on allât, par les plis d'un terrain qui ne ressemblait déjà plus à celui de Combray, Guermantes lui ne m'est apparu que comme le terme plutôt idéal que réel de son propre « côté », une sorte d'expression géographique abstraite comme la ligne de l'équateur, comme le pôle, comme l'orient. Alors, « prendre par Guermantes » pour aller à Méséglise, ou le contraire, m'eût semblé une expression aussi dénuée de sens que prendre par l'est pour aller à l'ouest. Comme mon père parlait toujours du côté de Méséglise comme de la plus belle vue de plaine qu'il*

*connût et du côté de Guermantes comme du type de paysage de rivière, je leur donnais, en les concevant ainsi comme deux entités, cette cohésion, cette unité qui n'appartiennent qu'aux créations de notre esprit ; la moindre parcelle de chacun d'eux me semblait précieuse et manifester leur excellence particulière, tandis qu'à côté d'eux, avant qu'on fût arrivé sur le sol sacré de l'un ou de l'autre, les chemins purement matériels au milieu desquels ils étaient posés comme l'idéal de la vue de plaine et l'idéal du paysage de rivière, ne valaient pas plus la peine d'être regardés que par le spectateur épris d'art dramatique, les petites rues qui avoisinent un théâtre. Mais surtout je mettais entre eux, bien plus que leurs distances kilométriques la distance qu'il y avait entre les deux parties de mon cerveau où je pensais à eux, une de ces distances dans l'esprit qui ne font pas qu'éloigner, qui séparent et mettent dans un autre plan. Et cette démarcation était rendue plus absolue encore parce que cette habitude que nous avions de n'aller jamais vers les deux côtés un même jour, dans une seule promenade, mais une fois du côté de Méséglise, une fois du côté de Guermantes, les enfermait pour ainsi dire loin l'un de l'autre, inconnaissables l'un à l'autre, dans les vases clos et sans communication entre eux, d'après-midi différents.*
*Quand on voulait aller du côté de Méséglise, on sortait (pas trop tôt et même si le ciel était couvert, parce que la promenade n'était pas bien longue et n'entraînait pas trop) comme pour aller n'importe où, par la grande porte de la maison de ma tante sur la rue du Saint-Esprit. On était salué par l'armurier, on jetait ses lettres à la boîte, on disait en passant à*

*Théodore, de la part de Françoise, qu'elle n'avait plus d'huile ou de café, et l'on sortait de la ville par le chemin qui passait le long de la barrière blanche du parc de M. Swann. Avant d'y arriver, nous rencontrions, venue au-devant des étrangers, l'odeur de ses lilas. Eux-mêmes, d'entre les petits cœurs verts et frais de leurs feuilles, levaient curieusement au-dessus de la barrière du parc leurs panaches de plumes mauves ou blanches que lustrait, même à l'ombre, le soleil où elles avaient baigné. Quelques-uns, à demi cachés par la petite maison en tuiles appelée maison des Archers, où logeait le gardien, dépassaient son pignon gothique de leur rose minaret. Les Nymphes du printemps eussent semblé vulgaires, auprès de ces jeunes houris qui gardaient dans ce jardin français les tons vifs et purs des miniatures de la Perse. Malgré mon désir d'enlacer leur taille souple et d'attirer à moi les boucles étoilées de leur tête odorante, nous passions sans nous arrêter, mes parents n'allant plus à Tansonville depuis le mariage de Swann, et, pour ne pas avoir l'air de regarder dans le parc, au lieu de prendre le chemin qui longe sa clôture et qui monte directement aux champs, nous en prenions un autre qui y conduit aussi, mais obliquement, et nous faisait déboucher trop loin. [...]*

*Aussi le côté de Méséglise et le côté de Guermantes restent-ils pour moi liés à bien des petits événements de celles de toutes les diverses vies que nous menons parallèlement, qui est la plus pleine de péripéties, la plus riche en épisodes, je veux dire la vie intellectuelle. Sans doute elle progresse en nous insensiblement et les vérités qui en ont changé pour nous le sens et*

*l'aspect, qui nous ont ouvert de nouveaux chemins, nous en préparions depuis longtemps la découverte ; mais c'était sans le savoir ; et elles ne datent pour nous que du jour où elles nous sont devenues visibles. Les fleurs qui jouaient alors sur l'herbe, l'eau qui passait au soleil, tout le paysage qui environnait leur apparition continue à accompagner leur souvenir de son visage inconscient ou distrait ; et certes quand ils étaient longuement contemplés par cet humble passant qui rêvait – comme l'est un roi, par un mémorialiste perdu dans la foule –, ce coin de nature, ce bout de jardin n'eussent pu penser que ce serait grâce à lui qu'ils seraient appelés à survivre en leurs particularités les plus éphémères ; et pourtant ce parfum d'aubépine qui butine le long de la haie où les églantiers le remplaceront bientôt, un bruit de pas sans écho sur le gravier d'une allée, une bulle formée contre une plante aquatique par l'eau de la rivière et qui crève aussitôt, mon exaltation les a portés et a réussi à leur faire traverser tant d'années successives, tandis qu'alentour les chemins se sont effacés et que sont morts ceux qui les foulèrent. Parfois ce morceau de paysage amené ainsi jusqu'à aujourd'hui se détache si isolé de tout, qu'il flotte incertain dans ma pensée comme une Délos fleurie, sans que je puisse dire de quel pays, de quel temps – peut-être tout simplement de quel rêve – il vient.*
*Mais c'est surtout comme à des gisements profonds de mon sol mental, comme aux terrains résistants sur lesquels je m'appuie encore, que je dois penser au côté de Méséglise et au côté de Guermantes. C'est parce que je croyais aux choses, aux êtres tandis que je les parcourais, que les choses, les êtres qu'ils*

*m'ont fait connaître sont et qui les seuls que je prenne encore au sérieux et qui me donnent encore de la joie. Soit que la foi qui crée soit tarie en moi, soit que la réalité ne se forme que dans la mémoire, les fleurs qu'on me montre aujourd'hui pour la première fois ne me semblent pas de vraies fleurs.*
*Le côté de Méséglise avec ses lilas, ses aubépines, ses bleuets, ses coquelicots, ses pommiers, le côté de Guermantes avec sa rivière à têtards, ses nymphéas et ses boutons d'or, ont constitué à tout jamais pour moi la figure des pays où j'aimerais vivre, où j'exige avant tout que l'on puise aller à la pêche, se promener en canot, voir des ruines de fortifications gothiques  et trouver au milieu des blés, ainsi qu'était Saint-André-des-Champs, une église monumentale, rustique et dorée comme une meule ; et les bleuets, les aubépines, les pommiers qu'il m'arrive quand je voyage de rencontrer encore dans les champs, parce qu'ils sont situés à la même profondeur, au niveau de mon passé, sont immédiatement en communication avec mon cœur. Et pourtant, parce qu'il y a quelque chose d'individuel dans les lieux, quand me saisit le désir de revoir les côté de Guermantes, on ne le satisferait pas en me menant au bord d'une rivière où il y aurait d'aussi beaux, de plus beaux nymphéas que dans la Vivonne, pas plus que le soir en rentrant – à l'heure où s'éveillait en moi cette angoisse qui plus tard émigre dans l'amour, et peut devenir à jamais inséparable de lui – je n'aurais souhaité que vint me dire bonsoir une mère plus belle et plus intelligente que la mienne. Non ; de même que ce qu'il me fallait pour que je pusse m'endormir heureux, avec cette paix sans trouble qu'aucune maîtresse n'a pu me*

*donner depuis puisqu'on doute d'elles encore au moment où on croit en elles, et qu'on ne possède jamais leur cœur comme je recevais dans un baiser celui de ma mère, tout entier, sans la réserve d'une arrière-pensée, sans le reliquat d'une intention qui ne fut pas pour moi, – c'est que ce fût elle, c'est qu'elle inclinât vers moi ce visage où il y avait au-dessous de l'œil quelque chose qui était, paraît-il, un défaut, et que j'aimais à l'égal du reste, de même ce que je veux revoir, c'est le côté de Guermantes que j'ai connu, avec la ferme qui est peu éloignée des deux suivantes serrées l'une contre l'autre, à l'entrée de l'allée des chênes ; ce sont ces prairies où, quand le soleil les rend réfléchissantes comme une mare, se dessinent les feuilles des pommiers, c'est ce paysage dont parfois, la nuit dans mes rêves, l'individualité m'étreint avec une puissance presque fantastique et que je ne peux plus retrouver au réveil. Sans doute pour avoir à jamais indissolublement uni en moi des impressions différentes rien que parce qu'ils me les avaient fait éprouver en même temps, le côté de Méséglise ou le côté de Guermantes m'ont exposé, pour l'avenir, à bien des déceptions et même à bien des fautes. Car souvent j'ai voulu revoir une personne sans discerner que c'était simplement parce qu'elle me rappelait une haie d'aubépines, et j'ai été induit à croire, à faire croire à un regain d'affection, par un simple désir de voyage. Mais par là même aussi, et en restant présents en celles de mes impressions d'aujourd'hui auxquelles ils peuvent se relier, ils leur donnent des assises, de la profondeur, une dimension de plus qu'aux autres. Ils leur ajoutent aussi un charme, une signification qui n'est que pour moi. Quand par les soirs d'été le ciel harmonieux gronde comme une bête fauve et que chacun boude l'orage, c'est au côté de Méséglise que je dois de rester seul en extase à respirer, à travers le bruit de la pluie qui tombe, l'odeur d'invisibles et persistants lilas.*

**Les carafes de la Vivonne**
Peut-être moins indispensable que les autres, mais assurément un très beau passage (qui a l'avantage – non négligeable d'être court).

*Je m'amusais à regarder les carafes que les gamins mettaient dans la Vivonne pour prendre les petits poissons, et qui, remplies par la rivière, où elles sont à leur tour encloses, à la fois « contenant » aux flancs transparents comme une eau durcie, et « contenu » plongé dans un plus grand contenant de cristal liquide et courant, évoquaient l'image de la fraîcheur d'une façon plus délicieuse et plus irritante qu'elles n'eussent fait sur une table servie, en ne la montrant qu'en fuite dans cette allitération perpétuelle entre l'eau sans consistance où les mains ne pouvaient la capter et le verre sans fluidité où le palais ne pourrait en jouir. Je me promettais de venir là plus tard avec des lignes ; j'obtenais qu'on tirât un peu de pain des provisions du goûter ; j'en jetais dans la Vivonne des boulettes qui semblaient suffire pour y provoquer un phénomène de sursaturation, car l'eau se solidifiait aussitôt autour d'elles en grappes ovoïdes de têtards inanités qu'elle tenait sans doute jusque-là en dissolution, invisibles, tout prêts d'être en voie de cristallisation.*

**Bergotte**
L'écrivain auquel Marcel aimerait ressembler car il admire ses écrits.

*Je n'étais pas tout à fait le seul admirateur de Bergotte ; il était aussi l'écrivain préféré d'une amie de ma mère qui était très lettrée ; enfin pour lire son dernier livre paru, le docteur du Boulbon faisait attendre ses malades ; et ce fut de son cabinet de consultation, et d'un parc voisin de Combray, que s'envolèrent quelques-unes des premières graines de cette prédilection pour Bergotte, espèce si rare alors, aujourd'hui universellement répandue, et dont on trouve partout en Europe, en Amérique, jusque dans le moindre village, la fleur idéale et commune. Ce que l'amie de ma mère et, paraît-il, le docteur du Boulbon aimaient surtout dans les livres de Bergotte c'était comme moi, ce même flux mélodique, ces expressions anciennes, quelques autres très simples et connues, mais pour lesquelles la place où il les mettait en lumière semblait révéler de sa part un goût particulier ; enfin, dans les passages tristes, une certaine brusquerie, un accent presque rauque. Et sans doute lui-même devait sentir que là étaient ses plus grands charmes. Car dans les livres qui suivirent, s'il avait rencontré quelque grande vérité, ou le nom d'une célèbre cathédrale, il interrompait son récit et dans une invocation, une apostrophe, une longue prière, il donnait un libre cours à ces effluves qui dans ses premiers ouvrages restaient intérieurs à sa prose, décelés seulement alors par les ondulations de la surface, plus douces peut-être encore, plus harmonieuses ondulations de la surface, plus douces peut-être encore, plus harmo-*

nieuses quand elles étaient ainsi voilées et qu'on n'aurait pu indiquer d'une manière précise où naissait, où expirait leur murmure. Ces morceaux auxquels il se complaisait étaient nos morceaux préférés. Pour moi, je les savais par cœur. J'étais déçu quand il reprenait le fil de son récit. Chaque fois qu'il parlait de quelque chose dont la beauté m'était restée jusque-là cachée, des forêts de pins, de la grêle, de Notre-Dame de Paris, d'Athalie ou de Phèdre, il faisait dans une image exploser cette beauté jusqu'à moi. Aussi sentant combien il y avait de parties de l'univers que ma perception infirme ne distinguerait pas s'il ne les rapprochait de moi, j'aurais voulu posséder une opinion de lui, une métaphore de lui, sur toutes choses, surtout sur celles que j'aurais l'occasion de voir moi-même, et entre celles-là, particulièrement sur d'anciens monuments français et certains paysages maritimes, parce que l'insistance avec laquelle il les citait dans ses livres prouvait qu'il les tenait pour riches de signification et de beauté. Malheureusement sur presque toutes choses j'ignorais son opinion. Je ne doutais pas qu'elle ne fût entièrement différente des miennes, puisqu'elle descendait d'un monde inconnu vers lequel je cherchais à m'élever : persuadé que mes pensées eussent paru pure ineptie à cet esprit parfait, j'avais tellement fait table rase de toutes, que quand par hasard il m'arriva d'en rencontrer, dans tel de ses livres, une que j'avais déjà eue moi-même, mon cœur se gonflait comme si un Dieu dans sa bonté me l'avait rendue, l'avait déclarée légitime et belle. Il arrivait parfois qu'une page de lui disait les mêmes choses que j'écrivais souvent la nuit à ma grand'mère et à ma

*mère quand je ne pouvais pas dormir, si bien que cette page de Bergotte avait l'air d'un recueil d'épigraphes pour être placées en tête de mes lettres. Même plus tard, quand je commençai de composer un livre, certaines phrases dont la qualité ne suffit pas pour me décider à le continuer, j'en retrouvai l'équivalent dans Bergotte.*
*Mais ce n'était qu'alors, quand je les lisais dans son œuvre, que je pouvais en jouir ; quand c'était moi qui les composais, préoccupé qu'elles reflétassent exactement ce que j'apercevais dans ma pensée, craignant de ne pas « faire ressemblant », j'avais bien le temps de me demander si ce que j'écrivais était agréable ! Mais en réalité il n'y avait que ce genre de phrases, ce genre d'idées que j'aimais vraiment. Mes efforts inquiets et mécontents étaient eux-mêmes une marque d'amour, d'amour sans plaisir mais profond. Aussi quand tout d'un coup je trouvais de telles phrases dans l'œuvre d'un autre, c'est-à-dire sans plus avoir de scrupules, de sévérité, sans avoir à me tourmenter, je me laissais enfin aller avec délices au goût que j'avais pour elles, comme un cuisinier qui pour une fois où il n'a pas à faire la cuisine trouve enfin le temps d'être gourmand. Un jour, ayant rencontré dans un livre de Bergotte, à propos d'une vieille servante, une plaisanterie que le magnifique et solennel langage de l'écrivain rendait encore plus ironique mais qui était la même que j'avais souvent faite à ma grand'mère en parlant de Françoise, une autre fois où je vis qu'il ne jugeait pas indigne de figurer dans un de ces miroirs de la vérité qu'étaient ses ouvrages, une remarque analogue à celle que j'avais eu l'occasion de faire sur notre ami M. Legrandin (re-*

*marques sur Françoise et M. Legrandin qui étaient certes de celles que j'eusse le plus délibérément sacrifiées à Bergotte, persuadé qu'il les trouverait sans intérêt), il me sembla soudain que mon humble vie et les royaumes du vrai n'étaient pas aussi séparés que j'avais cru, qu'ils coïncidaient même sur certains points, et de confiance et de joie je pleurai sur les pages de l'écrivain comme dans les bras d'un père retrouvé.*
*D'après ses livres j'imaginais Bergotte comme un vieillard faible et déçu qui avait perdu des enfants et ne s'était jamais consolé. Aussi je lisais, je chantais intérieurement sa prose, plus « dolce », plus « lento » peut-être qu'elle n'était écrite, et la phrase la plus simple s'adressait à moi avec une intonation attendrie. Plus que tout j'aimais sa philosophie, je m'étais donné à elle pour toujours. Elle me rendait impatient d'arriver à l'âge où j'entrerais au collège, dans la classe appelée Philosophie. Mais je ne voulais pas qu'on y fît autre chose que vivre uniquement par la pensée de Bergotte, et si l'on m'avait dit que les métaphysiciens auxquels je m'attacherais alors ne lui ressembleraient en rien, j'aurais ressenti le désespoir d'un amoureux qui veut aimer pour la vie et à qui on parle des autres maîtresses qu'il aura plus tard.*

**Un homme qui dort**
Lisez bien ce passage, un jour, vous comprendrez son importance si ce n'est
déjà fait.

*Un homme qui dort, tient en cercle autour de lui le fil des heures, l'ordre des années et des mondes. Il les consulte d'instinct en s'éveillant et y lit en une seconde le point de la terre qu'il occupe, le temps qui s'est écoulé jusqu'à son réveil; mais leurs rangs peuvent se mêler, se rompre. Que vers le matin après quelque insomnie, le sommeil le prenne en train de lire, dans une posture trop différente de celle où il dort habituellement, il suffit de son bras soulevé pour arrêter et faire reculer le soleil, et à la première minute de son réveil, il ne saura plus l'heure, il estimera qu'il vient à peine de se coucher. Que s'il s'assoupit dans une position encore plus déplacée et divergente, par exemple après dîner assis dans un fauteuil, alors le bouleversement sera complet dans les mondes désorbités, le fauteuil magique le fera voyager à toute vitesse dans le temps et dans l'espace, et au moment d'ouvrir les paupières, il se croira couché quelques mois plus tôt dans une autre contrée. Mais il suffisait que, dans mon lit même, mon sommeil fût profond et détendît entièrement mon esprit; alors celui-ci lâchait le plan du lieu où je m'étais endormi, et quand je m'éveillais au milieu de la nuit, comme j'ignorais où je me trouvais, je ne savais même pas au premier instant qui j'étais; j'avais seulement dans sa simplicité première, le sentiment de l'existence comme il peut frémir au fond d'un animal: j'étais plus dénué que l'homme des cavernes; mais alors le souvenir – non encore du lieu où j'étais, mais de quelques-uns de ceux que j'avais habités et où j'aurais pu être – venait à moi comme un secours d'en haut pour me tirer du néant d'où je n'aurais pu sortir tout seul; je passais en une seconde par-dessus des siècles de civilisation, et l'image confusément entrevue de lampes à pétrole, puis de chemises à col rabattu, recompo-*

*saient peu à peu les traits originaux de mon moi.
Peut-être l'immobilité des choses autour de nous leur est-elle imposée par notre certitude que ce sont elles et non pas d'autres, par l'immobilité de notre pensée en face d'elles. Toujours est-il que, quand je me réveillais ainsi, mon esprit s'agitant pour chercher, sans y réussir, à savoir où j'étais, tout tournait autour de moi dans l'obscurité, les choses, les pays, les années. Mon corps, trop engourdi pour remuer, cherchait, d'après la forme de sa fatigue, à repérer la position de ses membres pour en induire la direction du mur, la place des meubles, pour reconstruire et pour nommer la demeure où il se trouvait.
Sa mémoire, la mémoire de ses côtes, de ses genoux, de ses épaules, lui présentait successivement plusieurs des chambres où il avait dormi, tandis qu'autour de lui les murs invisibles, changeant de place selon la forme de la pièce imaginée, tourbillonnaient dans les ténèbres. Et avant même que ma pensée, qui hésitait au seuil des temps et des formes, eût identifié le logis en rapprochant les circonstances, lui, – mon corps, – se rappelait pour chacun le genre du lit, la place des portes, la prise de jour des fenêtres, l'existence d'un couloir, avec la pensée que j'avais en m'y endormant et que je retrouvais au réveil. Mon côté ankylosé, cherchant à deviner son orientation, s'imaginait, par exemple, allongé face au mur dans un grand lit à baldaquin et aussitôt je me disais : « Tiens, j'ai fini par m'endormir quoique maman ne soit pas venue me dire bonsoir », j'étais à la campagne chez mon grand-père, mort depuis bien des années; et mon corps, le côté sur lequel je reposais, gardiens fidèles d'un passé que mon esprit*

*n'aurait jamais dû oublier, me rappelaient la flamme de la veilleuse de verre de Bohême, en forme d'urne, suspendue au plafond par des chaînettes, al cheminée en marbre de Sienne, dans ma chambre à coucher de Combray, chez mes grands-parents, en des jours lointains qu'en ce moment je me figurais actuels sans me les représenter exactement et que je reverrais mieux tout à l'heure quand je serais tout à fait éveillé.*
*Puis renaissait le souvenir d'une nouvelle attitude ; le mur filait dans une autre direction : j'étais dans ma chambre chez Mme de Saint-Loup, à la campagne; mon Dieu ! Il est au moins dix heures, on doit avoir fini de dîner !*
*J'aurai trop prolongé la sieste que je fais tous les soirs en rentrant de ma promenade avec Mme de Saint-Loup, avant d'endosser mon habit. Car bien des années ont passé depuis Combray, où, dans nos retours les plus tardifs, c'était les reflets rouges du couchant que je voyais sur le vitrage de ma fenêtre. C'est un autre genre de vie qu'on mène à Tansonville, chez Mme de Saint-Loup, un autre genre de plaisir que je trouve à ne sortir qu'à la nuit, à suivre au clair de lune ces chemins où je jouais jadis au soleil ; et la chambre où je me serai endormi au lieu de m'habiller pour le dîner, de loin je l'aperçois, quand nous rentrons, traversée par les feux de la lampe, seul phare dans la nuit.*
*Ces évocations tournoyantes et confuses ne duraient jamais que quelques secondes ; souvent, ma brève incertitude du lieu où je me trouvais ne distinguait pas mieux les unes des autres les diverses suppositions dont elle était faite, que nous n'isolons, en voyant un cheval courir, les positions successives que*

*nous montre le kinétoscope. Mais j'avais revu tantôt l'une, tantôt l'autre, des chambres que j'avais habitées dans ma vie, et je finissais par me les rappeler toutes dans les longues rêveries qui suivaient mon réveil; chambres d'hiver où quand on est couché, on se blottit la tête dans un nid qu'on se tresse avec les choses les plus disparates: un coin de l'oreiller, le haut des couvertures, un bout de châle, le bord du lit, et un numéro des Débats roses, qu'on finit par cimenter ensemble selon la technique des oiseaux en s'y appuyant indéfiniment; où, par un temps glacial le plaisir qu'on goûte est de se sentir séparé du dehors (comme l'hirondelle de mer qui a son nid au fond d'un souterrain dans la chaleur de la terre), et où, le feu étant entretenu toute la nuit dans la cheminée, on dort dans un grand manteau d'air chaud et fumeux, traversé des lueurs des tisons qui se rallument, sorte d'impalpable alcôve, de chaude caverne creusée au sein de la chambre même, zone ardente et mobile en ses contours thermiques, aérée de souffles qui nous rafraîchissent la figure et viennent des angles, des parties voisines de la fenêtre ou éloignées du foyer et qui se sont refroidies ; – chambres d'été où l'on aime être uni à la nuit tiède, où le clair de lune appuyé aux volets entr'ouverts, jette jusqu'au pied du lit son échelle enchantée, où le clair de lune appuyé aux volets entr'ouverts, jette jusqu'au pied du lit son échelle enchantée, où on dort presque en plein air, comme la mésange balancée par la brise à la pointe d'un rayon – ; parfois la chambre Louis XVI, si gaie que même le premier soir je n'y avais pas été trop malheureux et où les colonnettes qui soutenaient légèrement le plafond s'écartaient avec tant de grâce pour montrer et réserver la place du lit; parfois au contraire celle, petite et si élevée de plafond, creusée en forme de pyramide dans la hauteur de deux étages et partiellement revêtue d'acajou, où dès la première seconde j'avais été intoxiqué moralement par l'odeur inconnue du vétiver, convaincu de l'hostilité des rideaux violets et de l'insolente indifférence de la pendule que jacassait tout haut comme si je n'eusse pas été là ; – où une étrange et impitoyable glace à pieds quadrangulaires, barrant obliquement un des angles de la pièce, se creusait à vif dans la douce plénitude de mon champ visuel accoutumé un emplacement qui n'y était pas prévu ; – où ma pensée, s'efforçant pendant des heures de se disloquer, de s'étirer en hauteur pour prendre exactement la forme de la chambre et arriver à remplir jusqu'en haut son gigantesque entonnoir, avait souffert bien de dures nuits, tandis que j'étais étendu dans mon lit, les yeux levés, l'oreille anxieuse, la narine rétive, le cœur battant: jusqu'à ce que l'habitude eût changé la couleur des rideaux, fait taire la pendule, enseigné la pitié à la glace oblique et cruelle, dissimulé, sinon chassé complètement, l'odeur du vétiver et notablement diminué la hauteur apparente du plafond. L'habitude ! aménageuse habile mais bien lente et qui commence par laisser souffrir notre esprit pendant des semaines dans une installation provisoire ; mais que malgré tout il est bien heureux de trouver, car sans l'habitude et réduit à ses seuls moyens il serait impuissant à nous rendre un logis habitable.*

*Certes, j'étais bien éveillé maintenant, mon corps avait viré une dernière fois et le bon ange de la certi-*

*tude avait tout arrêté autour de moi, m'avait couché sous mes couvertures, dans ma chambre, et avait mis approximativement à leur place dans l'obscurité ma commode, mon bureau, ma cheminée, la fenêtre sur la rue et les deux portes. Mais j'avais beau savoir que je n'étais pas dans les demeures dont l'ignorance du réveil m'avait en un instant sinon présenté l'image distincte, du moins fait croire la présence possible, le branle était donné à ma mémoire ; généralement je ne cherchais pas à me rendormir tout de suite ; je passais la plus grande partie de la nuit à me rappeler notre vie d'autrefois, à Combray chez ma grand'tante, à Balbec, à Paris, à Doncières, à Venise, ailleurs encore, à me rappeler les lieux, les personnes que j'y avais connues, ce que j'avais vu d'elles, ce qu'on m'en avait raconté.*

**Les aubépines**
Souvent nommées par les proustiens, ces buissons en fleurs chez Proust donnent lieu à plusieurs scènes frappantes.

*Mais j'avais beau rester devant les aubépines à respirer, à porter devant ma pensée qui ne savait ce qu'elle devait en faire, à perdre, à retrouver leur invisible et fixe odeur, à m'unir au rythme qui jetait leurs fleurs, ici et là, avec une allégresse juvénile et à des intervalles inattendus comme certains intervalles musicaux, elles m'offraient indéfiniment le même charme avec une profusion inépuisable, mais sans me laisser approfondir davantage, comme ces mélodies qu'on rejoue cent fois de suite sans descendre plus avant dans leur secret. Je me détournais d'elles un*

*moment, pour les aborder ensuite avec des forces plus fraîches. Je poursuivais jusque sur le talus qui, derrière la haie, montait en pente raide vers les champs, quelque coquelicot perdu, quelques bluets restés paresseusement en arrière, qui le décoraient çà et là de leurs fleurs comme la bordure d'une tapisserie où apparaît clairsemé le motif agreste qui triomphera sur le panneau ; rares encore, espacés comme les maisons isolées qui annoncent déjà l'approche d'un village, ils m'annonçaient l'immense étendue où déferlent les blés, où moutonnent les nuages, et la vue d'un seul coquelicot hissant au bout de son cordage et faisant cingler au vent sa flamme rouge, au-dessus de sa bouée graisseuse et noire, me faisait battre le cœur, comme au voyageur qui aperçoit sur une terre basse une première barque échouée que répare un calfat, et s'écrie, avant de l'avoir encore vue : « La Mer ! »*
*Puis je revenais devant les aubépines comme devant ces chefs-d'œuvre dont on croit qu'on saura mieux les voir quand on a cessé un moment de les regarder, mais j'avais beau me faire un écran de mes mains pour n'avoir qu'elles sous les yeux, le sentiment qu'elles éveillaient en moi restait obscur et vague, cherchant en vain à se dégager, à venir adhérer à leurs fleurs. Elles ne m'aidaient pas à l'éclaircir, et je ne pouvais demander à d'autres fleurs de le satisfaire. Alors, me donnant cette joie que nous éprouvons quand nous voyons de notre peintre préféré une œuvre qui diffère de celles que nous connaissions, ou bien si l'on nous mène devant un tableau dont nous n'avions vu jusque-là qu'une esquisse au crayon, si un morceau entendu seulement au piano nous appa-*

raît ensuite revêtu des couleurs de l'orchestre, mon grand-père m'appelant et me désignant la haie de Tansonville, me dit : « Toi qui aimes les aubépines, regarde un peu cette épine rose ; est-elle jolie ! » En effet c'était une épine, mais rose, plus belle encore que les blanches. Elle aussi avait une parure de fête, – de ces seules vraies fêtes que sont les fêtes religieuses, puisqu'un caprice contingent ne les applique pas comme les fêtes mondaines à un jour quelconque qui ne leur est pas spécialement destiné, qui n'a rien d'essentiellement férié, – mais une parure plus riche encore, car les fleurs attachées sur la branche, les unes au-dessus des autres, de manière à ne laisser aucune place qui ne fût décorée, comme des pompons qui enguirlandent une houlette rococo, étaient « en couleur », par conséquent d'une qualité supérieure selon l'esthétique de Combray si l'on en jugeait par l'échelle des prix dans le « magasin » de la Place ou chez Camus où étaient plus chers ceux des biscuits qui étaient roses. Moi-même j'appréciais plus le fromage à la crème rose, celui où l'on m'avait permis d'écraser des fraises.
Et justement ces fleurs avaient choisi une de ces teintes de chose mangeable, ou de tendre embellissement à une toilette pour une grande fête, qui, parce qu'elles leur présentent la raison de leur supériorité, sont celles qui semblent belles avec le plus d'évidence aux yeux des enfants, et à cause de cela, gardent toujours pour eux quelque chose de plus vif et de plus naturel que les autres teintes, même lorsqu'ils ont compris qu'elles ne promettaient rien à leur gourmandise et n'avaient pas été choisies par la couturière. Et certes, je l'avais tout de suite senti, comme de-

*vant les épines blanches mais avec plus d'émerveillement, que ce n'était pas facticement, par un artifice de fabrication humaine, qu'était traduite l'intention de festivité dans les fleurs, mais que c'était la nature qui, spontanément, l'avait exprimée avec la naïveté d'une commerçante de village travaillant pour un reposoir, en surchargeant l'arbuste de ces rosettes d'un ton trop tendre et d'un pompadour provincial.*
*Au haut des branches, comme autant de ces petits rosiers aux pots cachés dans des papiers en dentelles, dont aux grandes fêtes on faisait rayonner sur l'autel les minces fusées, pullulaient mille petits boutons d'une teinte plus pâle qui, en s'entr'ouvrant, laissaient voir, comme au fond d'une coupe de marbre rose, de rouges sanguines et trahissaient plus encore que les fleurs, l'essence particulière, irrésistible, de l'épine, qui, partout où elle bourgeonnait, où elle allait fleurir, ne le pouvait qu'en rose. Intercalé dans la haie, mais aussi différent d'elle qu'une jeune fille en robe de fête au milieu de personnes en négligé qui resteront à la maison, tout prêt pour le mois de Marie, dont il semblait faire partie déjà, tel brillait en souriant dans sa fraîche toilette rose, l'arbuste catholique et délicieux.*
*[...]*
*Cette année-là, quand, un peu plus tôt que d'habitude, mes parents eurent fixé le jour de rentrer à Paris, le matin du départ, comme on m'avait fait friser pour être photographié, coiffer avec précaution un chapeau que je n'avais encore jamais mis et revêtir une douillette de velours, après m'avoir cherché partout, ma mère me trouva en larmes dans le petit*

*raidillon, contigu à Tansonville, en train de dire adieu aux aubépines, entourant de mes bras les branches piquantes, et, comme une princesse de tragédie à qui pèseraient ces vains ornements, ingrat envers l'importune main qui en formant tous ces nœuds avait pris soin sur mon front d'assembler mes cheveux, foulant aux pieds mes papillotes arrachées et mon chapeau neuf. Ma mère ne fut pas touchée par mes larmes, mais elle ne put retenir un cri à la vue de la coiffe défoncée et de la douillette perdue. Je ne l'entendis pas : « O mes pauvres petites aubépines, disais-je en pleurant, ce n'est pas vous qui voudriez me faire du chagrin, me forcer à partir. Vous, vous ne m'avez jamais fait de peine! Aussi je vous aimerai toujours. » Et, essuyant mes larmes, je leur promettais, quand je serais grand, de ne pas imiter la vie insensée des autres hommes et, même à Paris, les jours de printemps, au lieu d'aller faire des visites et écouter des niaiseries, de partir dans la campagne voir les premières aubépines.*

## La scène de Montjouvain
INCONTOURNABLE !

*C'est peut-être d'une impression ressentie aussi auprès de Montjouvain, quelques années plus tard, impression restée obscure alors, qu'est sortie, bien après, l'idée que je me suis faite du sadisme. On verra plus tard que, pour de tout autres raisons, le souvenir de cette impression devait jouer un rôle important dans ma vie. C'était par un temps très chaud; mes parents qui avaient dû s'absenter pour toute la*

*journée, m'avaient dit de rentrer aussi tard que je voudrais; et étant allé jusqu'à la mare de Montjouvain où j'aimais revoir les reflets du toit de tuile, je m'étais étendu à l'ombre et endormi dans les buissons du talus qui domine la maison, là où j'avais attendu mon père autrefois, un jour qu'il était allé voir M. Vinteuil. Il faisait presque nuit quand je m'éveillai, je voulus me lever, mais je vis Mlle Vinteuil (autant que je pus la reconnaître, car je ne l'avais pas vue souvent à Combray, et seulement quand elle était encore une enfant, tandis qu'elle commençait d'être une jeune fille) qui probablement venait de rentrer, en face de moi, à quelques centimètres de moi, dans cette chambre où son père avait reçu le mien et dont elle avait fait son petit salon à elle. La fenêtre était entr'ouverte, la lampe était allumée, je voyais tous ses mouvements sans qu'elle me vît, mais en m'en allant j'aurais fait craquer les buissons, elle m'aurait entendu et elle aurait pu croire que je m'étais caché là pour l'épier.*
*Elle était en grand deuil, car son père était mort depuis peu. Nous n'étions pas allés la voir, ma mère ne l'avait pas voulu à cause d'une vertu qui chez elle limitait seule les effets de la bonté: la pudeur; mais elle la plaignait profondément. Ma mère se rappelant la triste fin de vie de M. Vinteuil, tout absorbée d'abord par les soins de mère et de bonne d'enfant qu'il donnait à sa fille, puis par les souffrances que celle-ci lui avait causées; elle revoyait le visage torturé qu'avait eu le vieillard tous les derniers temps; elle savait qu'il avait renoncé à jamais à achever de transcrire au net toute son œuvre des dernières années, pauvres morceaux d'un vieux professeur de*

*piano, d'un ancien organiste de village dont nous imaginions bien qu'ils n'avaient guère de valeur en eux-mêmes, mais que nous ne méprisions pas parce qu'ils en avaient tant pour lui dont ils avaient été la raison de vivre avant qu'il les sacrifiât à sa fille, et qui pour la plupart pas même notés, conservés seulement dans sa mémoire, quelques-uns inscrits sur des feuillets épars, illisibles, resteraient inconnus; ma mère pensait à cet autre renoncement plus cruel encore auquel M. Vinteuil avait été contraint, le renoncement à un avenir de bonheur honnête et respecté pour sa fille; quand elle évoquait toute cette détresse suprême de l'ancien maître de piano de mes tantes, elle éprouvait un véritable chagrin et songeait avec effroi à celui autrement amer que devait éprouver Mlle Vinteuil tout mêlé du remords d'avoir à peu près tué son père. « Pauvre M. Vinteuil, disait ma mère, il a vécu et il est mort pour sa fille, sans avoir reçu son salaire. Le recevra-t-il après sa mort et sous quelle forme? Il ne pourrait lui venir que d'elle. »*
*Au fond du salon de Mlle Vinteuil, sur la cheminée était posé un petit portrait de son père que vivement elle alla chercher au moment où retentit le roulement d'une voiture qui venait de la route, puis elle se jeta sur un canapé, et tira près d'elle une petite table sur laquelle elle plaça le portrait, comme M. Vinteuil autrefois avait mis à côté de lui le morceau qu'il avait le désir de jouer à mes parents. Bientôt son amie entra. Mlle Vinteuil l'accueillit sans se lever, ses deux mains derrière la tête et se recula sur le bord opposé du sofa comme pour lui faire une place. Mais aussitôt elle sentit qu'elle semblait ainsi lui imposer une attitude qui lui était peut-être importune. Elle pensa que son*

*amie aimerait peut-être mieux être loin d'elle sur une chaise, elle se trouva indiscrète, la délicatesse de son cœur s'en alarma; reprenant toute la place sur le sofa elle ferma les yeux et se mit à bâiller pour indiquer que l'envie de dormir était la seule raison pour laquelle elle s'était ainsi étendue. Malgré la familiarité rude et dominatrice qu'elle avait avec sa camarade, je reconnaissais les gestes obséquieux et réticents, les brusques scrupules de son père.*
*Bientôt elle se leva, feignit de vouloir fermer les volets et de n'y pas réussir.*
— « *Laisse donc tout ouvert, j'ai chaud* » *dit son amie.*
— « *Mais c'est assommant, on nous verra* », *répondit Mlle Vinteuil. Mais elle devina sans doute que son amie penserait qu'elle n'avait dit ces mots que pour la provoquer à lui répondre par certains autres qu'elle avait en effet le désir d'entendre, mais que par discrétion elle voulait lui laisser l'initiative de prononcer. Aussi son regard que je ne pouvais distinguer, dut-il prendre l'expression qui plaisait tant à ma grand'mère, quand elle ajouta vivement :*
— « *Quand je dis nous voir, je veux dire nous voir lire, c'est assommant, quelque chose insignifiante qu'on fasse, de penser que des yeux vous voient.* »
*Par une générosité instinctive et une politesse involontaire elle taisait les mots prémédités qu'elle avait jugés indispensables à la pleine réalisation de son désir. Et à tous moments au fond d'elle-même une vierge timide et suppliante implorait et faisait reculer un soudard fruste et vainqueur.*
— « *Oui, c'est probable qu'on nous regarde à cette heure-ci, dans cette campagne fréquentée, dit ironi-*

*quement son amie. Et puis quoi ? Ajouta-t-elle (en croyant devoir accompagner d'un clignement d'yeux malicieux et tendre, ces mots qu'elle récita par bonté, comme un texte, qu'elle savait être agréable à Mlle Vinteuil, d'un ton qu'elle s'efforçait de rendre cynique), quand même on nous verrait ce n'en est que meilleur. »*
*Mlle Vinteuil frémit et se leva. Son cœur scrupuleux et sensible ignorait quelles paroles devaient spontanément venir s'adapter à la scène que ses sens réclamaient. Elle cherchait le plus loin qu'elle pouvait de sa vraie nature morale, à trouver le langage propre à la fille vicieuse qu'elle désirait d'être, mais les mots qu'elle pensait que celle-ci eût prononcés sincèrement lui paraissaient faux dans sa bouche. Et le peu qu'elle s'en permettait était dit sur un ton guindé où ses habitudes de timidité paralysaient ses velléités d'audace, et s'entremêlait de : « tu n'as pas froid, tu n'as pas trop chaud, tu n'as pas envie d'être seule et de lire ? »*
*— « Mademoiselle me semble avoir des pensées bien lubriques, ce soir », finit-elle par dire, répétant sans doute une phrase qu'elle avait entendue autrefois dans la bouche de son amie.*
*Dans l'échancrure de son corsage de crêpe Mlle Vinteuil sentit que son amie piquait un baiser, elle poussa un petit cri, s'échappa, et elles se poursuivirent en sautant, faisant voleter leurs larges manches comme des ailes et gloussant et piaillant comme des oiseaux amoureux. Puis Mlle Vinteuil finit par tomber sur le canapé, recouverte par le corps de son amie. Mais celle-ci tournait le dos à la petite table sur laquelle était placé le portrait de l'ancien professeur de piano.*

*Mlle Vinteuil comprit que son amie ne le verrait pas si elle n'attirait pas sur lui son attention, et elle lui dit, comme si elle venait seulement de le remarquer :*
*— « Oh ! ce portrait de mon père qui nous regarde, je ne sais pas qui a pu le mettre là, j'ai pourtant dit vingt fois que ce n'était pas sa place. »*
*Je me souvins que c'étaient les mots que M. Vinteuil avait dits à mon père à propos du morceau de musique. Ce portrait leur servait sans doute habituellement pour des profanations rituelles, car son amie lui répondit par ces paroles qui devaient faire partie de ses réponses liturgiques :*
*— « Mais laisse-le donc où il est, il n'est plus là pour nous embêter. Crois-tu qu'il pleurnicherait, qu'il voudrait te mettre ton manteau, s'il te voyait là, la fenêtre ouverte, le vilain singe. »*
*Mlle Vinteuil répondit par des paroles de doux reproche : « Voyons, voyons », qui prouvaient la bonté de sa nature, non qu'elles fussent dictées par l'indignation que cette façon de parler de son père eût pu lui causer (évidemment c'était là un sentiment qu'elle s'était habituée, à l'aide de quels sophismes ? à faire taire en elle dans ces minutes-là), mais parce qu'elles étaient comme un frein que pour ne pas se montrer égoïste elle mettait elle-même au plaisir que son amie cherchait à lui procurer. Et puis cette modération souriante en répondant à ces blasphèmes, ce reproche hypocrite et tendre, paraissaient peut-être à sa nature franche et bonne, une forme particulièrement infâme, une forme doucereuse de cette scélératesse qu'elle cherchait à s'assimiler. Mais elle ne put résister à l'attrait du plaisir qu'elle éprouverait à être traitée avec douceur par une personne si implacable*

*envers un mort sans défense; elle sauta sur les genoux de son amie, et lui tendit chastement son front à baiser comme elle aurait pu faire si elle avait été sa fille, sentant avec délices qu'elles allaient ainsi toutes deux au bout de la cruauté en ravissant à M. Vinteuil, jusque dans le tombeau, sa paternité. Son amie lui prit la tête entre ses mains et lui déposa un baiser sur le front avec cette docilité que lui rendait facile la grande affection qu'elle avait pour Mlle Vinteuil et le désir de mettre quelque distraction dans la vie si triste maintenant de l'orpheline.*
— *« Sais-tu ce que j'ai envie de lui faire à cette vieille horreur ? » dit-elle en prenant le portrait.*
*Et elle murmura à l'oreille de Mlle Vinteuil quelque chose que je ne pus entendre.*
— *« Oh ! tu n'oserais pas. »*
— *« Je n'oserais pas cracher dessus ? sur ça ? » dit l'amie avec une brutalité voulue.*
*Je n'en entendis pas davantage, car Mlle Vinteuil, d'un air las, gauche, affairé, honnête et triste, vint fermer les volets et la fenêtre, mais je savais maintenant, pour toutes les souffrances que pendant sa vie M. Vinteuil avait supportées à cause de sa fille, ce qu'après la mort il avait reçu d'elle en salaire.*
*Et pourtant j'ai pensé depuis que si M. Vinteuil avait pu assister à cette scène, il n'eût peut-être pas encore perdu sa foi dans le bon cœur de sa fille, et peut-être même n'eût-il pas eu en cela tout à fait tort. Certes, dans les habitudes de Mlle Vinteuil l'apparence du mal était si entière qu'on aurait eu de la peine à la rencontrer réalisée à ce degré de perfection ailleurs que chez une sadique ; c'est à la lumière de la rampe des théâtres du boulevard plutôt que sous la lampe*

*d'une maison de campagne véritable qu'on peut voir une fille faire cracher une amie sur le portrait d'un père qui n'a vécu que pour elle ; et il n'y a guère que le sadisme qui donne un fondement dans la vie à l'esthétique du mélodrame. Dans la réalité, en dehors des cas de sadisme, une fille aurait peut-être des manquements aussi cruels que ceux de Mlle Vinteuil envers la mémoire et les volontés de son père mort, mais elle ne les résumerait pas expressément en un acte d'un symbolisme aussi rudimentaire et aussi naïf; ce que sa conduite aurait de criminel serait plus voilé aux yeux des autres et même à ses yeux à elle qui ferait le mal sans se l'avouer. Mais, au-delà de l'apparence, dans le cœur de Mlle Vinteuil, le mal, au début du moins, ne fut sans doute pas sans mélange. Une sadique comme elle est l'artiste du mal, ce qu'une créature entièrement mauvaise ne pourrait être car le mal ne lui serait pas extérieur, il lui semblerait tout naturel, ne se distinguerait même pas d'elle; et la vertu, la mémoire des morts, la tendresse filiale, comme elle n'en aurait pas le culte, elle ne trouverait pas un plaisir sacrilège à les profaner.*
*Les sadiques de l'espèce de Mlle Vinteuil sont des êtres si purement sentimentaux, si naturellement vertueux que même le plaisir sensuel leur paraît quelque chose de mauvais, le privilège des méchants. Et quand ils se concèdent à eux-mêmes de s'y livrer un moment, c'est dans la peau des méchants qu'ils tâchent d'entrer et de faire entrer leur complice, de façon à avoir eu un moment l'illusion de s'être évadés de leur âme scrupuleuse et tendre, dans le monde inhumain du plaisir. Et je comprenais combien elle l'eût désiré en voyant combien il lui était impossible*

d'y réussir. Au moment où elle se voulait si différente de son père, ce qu'elle me rappelait c'était les façons de penser, de dire, du vieux professeur de piano. Bien plus que sa photographie, ce qu'elle profanait, ce qu'elle faisait servir à ses plaisirs mais qui restait entre eux et elle et l'empêchait de les goûter directement, c'était la ressemblance de son visage, les yeux bleus de sa mère à lui qu'il lui avait transmis comme un bijou de famille, ces gestes d'amabilité qui interposaient entre le vice de Mlle Vinteuil et elle une phraséologie, une mentalité qui n'était pas faite pour lui et l'empêchait de le connaître comme quelque chose de très différent des nombreux devoirs de politesse auxquels elle se consacrait d'habitude. Ce n'est pas le mal qui lui donnait l'idée du plaisir, qui lui semblait agréable ; c'est le plaisir qui lui semblait malin. Et comme chaque fois qu'elle s'y adonnait il s'accompagnait pour elle de ces pensées mauvaises qui le reste du temps étaient absentes de son âme vertueuse, elle finissait par trouver au plaisir quelque chose de diabolique, par l'identifier au Mal. Peut-être Mlle Vinteuil sentait-elle que son amie n'était pas foncièrement mauvaise, et qu'elle n'était pas sincère au moment où elle lui tenait ces propos blasphématoires. Du moins avait-elle le plaisir d'embrasser sur son visage, des sourires, des regards, feints peut-être, mais analogues dans leur expression vicieuse et basse à ceux qu'aurait eus non un être de bonté et de souffrance, mais un être de cruauté et de plaisir. Elle pouvait s'imaginer un instant qu'elle jouait vraiment les jeux qu'eût joués avec une complice aussi dénaturée, une fille qui aurait ressenti en effet ces sentiments barbares à l'égard de la *mémoire de son père. Peut-être n'eût-elle pas pensé que le mal fût un état si rare, si extraordinaire, si dépaysant, où il était si reposant d'émigrer, si elle avait su discerner en elle comme en tout le monde, cette indifférence aux souffrances qu'on cause et qui, quelques autres noms qu'on lui donne, est la forme terrible et permanente de la cruauté.*

### Les clochers
Les clochers de Martinville offrent à Proust l'introduction d'un texte dont il serait le premier du narrateur (qui veut se lancer dans l'écriture, rappelons-le).

*Une fois pourtant, – où notre promenade s'étant prolongée fort au delà de sa durée habituelle, nous avions été bien heureux de rencontrer à mi-chemin du retour, comme l'après-midi finissait, le docteur Percepied qui passait en voiture à bride abattue, nous avait reconnus et fait monter avec lui, – j'eus une impression de ce genre et ne l'abandonnai pas sans un peu l'approfondir. On m'avait fait monter près du cocher, nous allions comme le vent parce que le docteur avait encore avant de rentrer à Combray à s'arrêter à Martinville-le-Sec chez un malade à la porte duquel il avait été convenu que nous l'attendrions. Au tournant d'un chemin j'éprouvai tout à coup ce plaisir spécial qui ne ressemblait à aucun autre, à apercevoir les deux clochers de Martinville, sur lesquels donnait le soleil couchant et que le mouvement de notre voiture et les lacets du chemin avaient l'air de faire changer de place, puis celui de Vieuxvicq qui, séparé d'eux par une colline et une*

*vallée, et situé sur un plateau plus élevé dans le lointain, semblait pourtant tout voisin d'eux. En constatant, en notant la forme de leur flèche, le déplacement de leurs lignes, l'ensoleillement de leur surface, je sentais que je n'allais pas au bout de mon impression, que quelque chose était derrière ce mouvement, derrière cette clarté, quelque chose qu'ils semblaient contenir et dérober à la fois.*
*Les clochers paraissaient si éloignés et nous avions l'air de si peu nous rapprocher d'eux, que je fus étonné quand, quelques instants après, nous nous arrêtâmes devant l'église de Martinville. Je ne savais pas la raison du plaisir que j'avais eu à les apercevoir à l'horizon et l'obligation de chercher à découvrir cette raison me semblait bien pénible ; j'avais envie de garder en réserve dans ma tête ces lignes remuantes au soleil et de n'y plus penser maintenant. Et il est probable que si je l'avais fait, les deux clochers seraient allés à jamais rejoindre tant d'arbres, de toits, de parfums, de sons, que j'avais distingués des autres à cause de ce plaisir obscur qu'ils m'avaient procuré et que je n'ai jamais approfondi. Je descendis causer avec mes parents en attendant le docteur. Puis nous repartîmes, je repris ma place sur le siège, je tournai la tête pour voir encore les clochers qu'un peu plus tard, j'aperçus une dernière fois au tournant d'un chemin. Le cocher, qui ne semblait pas disposé à causer, ayant à peine répondu à mes propos, force me fut, faute d'autre compagnie, de me rabattre sur celle de moi-même et d'essayer de me rappeler mes clochers. Bientôt leurs lignes et leurs surfaces ensoleillées, comme si elles avaient été une sorte d'écorce, se déchirèrent, un peu de ce qui*

*m'était caché en elles m'apparut, j'eus une pensée qui n'existait pas pour moi l'instant avant, qui se formula en mots dans ma tête, et le plaisir que m'avait fait tout à l'heure éprouver leur vue s'en trouva tellement accru que, pris d'une sorte d'ivresse, je ne pus plus penser à autre chose. A ce moment et comme nous étions déjà loin de Martinville en tournant la tête je les aperçus de nouveau, tout noirs cette fois, car le soleil était déjà couché. Par moments les tournants du chemin me les dérobaient, puis ils se montrèrent une dernière fois et enfin je ne les vis plus.*

*Sans me dire que ce qui était caché derrière les clochers de Martinville devait être quelque chose d'analogue à une jolie phrase, puisque c'était sous la forme de mots qui me faisaient plaisir, que cela m'était apparu, demandant un crayon et du papier au docteur, je composai malgré les cahots de la voiture, pour soulager ma conscience et obéir à mon enthousiasme, le petit morceau suivant que j'ai retrouvé depuis et auquel je n'ai eu à faire subir que peu de changements :*

*« Seuls, s'élevant du niveau de la plaine et comme perdus en rase campagne, montaient vers le ciel les deux clochers de Martinville. Bientôt nous en vîmes trois : venant se placer en face d'eux par une volte hardie, un clocher retardataire, celui de Vieuxvicq, les avait rejoints. Les minutes passaient, nous allions vite et pourtant les trois clochers étaient toujours au loin devant nous, comme trois oiseaux posés sur la plaine, immobiles et qu'on distingue au soleil. Puis le clocher de Vieuxvicq s'écarta, prit ses distances, et les clochers de Martinville restèrent seuls, éclairés*

*par la lumière du couchant que même à cette distance, sur leurs pentes, je voyais jouer et sourire. Nous avions été si longs à nous rapprocher d'eux, que je pensais au temps qu'il faudrait encore pour les atteindre quand, tout d'un coup, la voiture ayant tourné, elle nous déposa à leurs pieds ; et ils s'étaient jetés si rudement au-devant d'elle, qu'on n'eut que le temps d'arrêter pour ne pas se heurter au porche. Nous poursuivîmes notre route ; nous avions déjà quitté Martinville depuis un peu de temps et le village après nous avoir accompagnés quelques secondes avait disparu, que restés seuls à l'horizon à nous regarder fuir, ses clochers et celui de Vieuxvicq agitaient encore en signe d'adieu leurs cimes ensoleillées. Parfois l'un s'effaçait pour que les deux autres pussent nous apercevoir un instant encore; mais la route changea de direction, ils virèrent dans la lumière comme trois pivots d'or et disparurent à mes yeux. Mais, un peu plus tard, comme nous étions déjà près de Combray, le soleil étant maintenant couché, je les aperçus une dernière fois de très loin qui n'étaient plus que comme trois fleurs peintes sur le ciel au-dessus de la ligne basse des champs. Ils me faisaient penser aussi aux trois jeunes filles d'une légende, abandonnées dans une solitude où tombait déjà l'obscurité; et tandis que nous nous éloignions au galop, je les vis timidement chercher leur chemin et après quelques gauches trébuchements de leurs nobles silhouettes, se serrer les uns contre les autres, glisser l'un derrière l'autre, ne plus faire sur le ciel encore rose qu'une seule forme noire, charmante et résignée, et s'effacer dans la nuit. »* Je ne repensai jamais à cette page, mais à ce moment-là, quand, au *coin du siège où le cocher du docteur plaçait habituellement dans un panier les volailles qu'il avait achetées au marché de Martinville, j'eus fini de l'écrire, je me trouvai si heureux, je sentais qu'elle m'avait si parfaitement débarrassé de ces clochers et de ce qu'ils cachaient derrière eux, que, comme si j'avais été moi-même une poule et si je venais de pondre un oeuf, je me mis à chanter à tue-tête.*

**La petite phrase de Vinteuil**
La phrase de la sonate de Vinteuil qui ravit Swann et devient l'hymne de son amour pour Odette a fait couler pas mal d'encre et les proustiens se battent encore pour savoir quelle musique – et quel compositeur – dans la vie réelle a inspiré Proust. Là, cependant, n'est pas le cœur du problème si problème il y a. Ce qui importe vraiment est la manière dont Proust confie au papier les émotions que suscite la musique à l'écoute de ses circonvolutions et l'analyse lyrique de la composition musicale qu'il effectue.

*Or quand le pianiste eut joué, Swann fut plus aimable encore avec lui qu'avec les autres personnes qui se trouvaient là. Voici pourquoi : L'année précédente, dans une soirée, il avait entendu une œuvre musicale exécutée au piano et au violon. D'abord, il n'avait goûté que la qualité matérielle des sons sécrétés par les instruments. Et ç'avait déjà été un grand plaisir quand au-dessous de la petite ligne du violon mince, résistante, dense et directrice, il avait vu tout d'un coup chercher à s'élever en un clapotement liquide, la masse de la partie de piano, multiforme, indivise, plane et entre-choquée comme la mauve agitation des flots que charme et bémolise le clair de lune. Mais à un moment donné, sans pouvoir nettement distinguer un contour, donner un nom à ce qui lui plaisait, charmé tout d'un coup, il avait cherché à recueillir la phrase ou l'harmonie – il ne savait lui-même – qui passait et qui lui avait ouvert plus largement l'âme, comme certaines odeurs de roses circulant dans l'air humide du soir ont la propriété de dilater nos narines. Peut-être est-ce parce qu'il ne savait pas la musique qu'il avait pu éprouver une impression aussi confuse, une de ces impressions qui sont peut-être pourtant les seules purement musicales, inattendues, entièrement originales, irréductibles à tout autre ordre d'impressions. Une impression de ce genre pendant un instant, est pour ainsi dire sine materia. Sans doute les notes que nous entendons alors, tendent déjà, selon leur hauteur et leur quantité, à couvrir devant nos yeux des surfaces de dimensions variées, à tracer des arabesques, à nous donner des sensations de largeur, de ténuité, de stabilité, de caprice. Mais les notes sont évanouies avant que ces sensations soient assez formées en nous pour ne pas être submergées par celles qu'éveillent déjà les notes suivantes ou même simultanées. Et cette impression continuerait à envelopper de sa liquidité et de son « fondu » les motifs qui par instants en émergent, à peine discernables, pour plonger aussitôt et disparaître, connus seulement par le plaisir particulier qu'ils donnent, impossibles à décrire, à se rappeler, à nommer, ineffables, – si la mémoire, comme un ouvrier qui travaille à établir des fondations durables au milieu des flots, en fabriquant pour nous des fac-similés de ces phrases fugitives, ne nous permettait de*

les comparer à celles qui leur succèdent et de les différencier. Ainsi à peine la sensation délicieuse que Swann avait ressentie était-elle expirée, que sa mémoire lui en avait fourni séance tenante une transcription sommaire et provisoire, mais sur laquelle il avait jeté les yeux tandis que le morceau continuait, si bien que quand la même impression était tout d'un coup revenue, elle n'était déjà plus insaisissable. Il s'en représentait l'étendue, les groupements symétriques, la graphie, la valeur expressive ; il avait devant lui cette chose qui n'est plus de la musique pure, qui est du dessin, de l'architecture, de la pensée, et qui permet de se rappeler la musique. Cette fois il avait distingué nettement une phrase s'élevant pendant quelques instants au-dessus des ondes sonores. Elle lui avait proposé aussitôt des voluptés particulières, dont il n'avait jamais eu l'idée avant de l'entendre, dont il sentait que rien autre qu'elle ne pourrait les lui faire connaître, et il avait éprouvé pour elle comme un amour inconnu.
D'un rythme lent elle le dirigeait ici d'abord, puis là, puis ailleurs, vers un bonheur noble, inintelligible et précis. Et tout d'un coup au point où elle était arrivée et d'où il se préparait à la suivre, après une pause d'un instant, brusquement elle changeait de direction et d'un mouvement nouveau, plus rapide, menu, mélancolique, incessant et doux, elle l'entraînait avec elle vers des perspectives inconnues. Puis elle disparut. Il souhaita passionnément la revoir une troisième fois. Et elle reparut en effet mais sans lui parler plus clairement, en lui causant même une volupté moins profonde. Mais rentré chez lui il eut besoin d'elle, il était comme un homme dans la vie de qui une passan-

*te qu'il a aperçue un moment vient de faire entrer l'image d'une beauté nouvelle qui donne à sa propre sensibilité une valeur plus grande, sans qu'il sache seulement s'il pourra revoir jamais celle qu'il aime déjà et dont il ignore jusqu'au nom.*
*Même cet amour pour une phrase musicale sembla un instant devoir amorcer chez Swann la possibilité d'une sorte de rajeunissement. Depuis si longtemps il avait renoncé à appliquer sa vie à un but idéal et la bornait à la poursuite de satisfactions quotidiennes, qu'il croyait, sans jamais se le dire formellement, que cela ne changerait plus jusqu'à sa mort; bien plus, ne se sentant plus d'idées élevées dans l'esprit, il avait cessé de croire à leur réalité, sans pouvoir non plus la nier tout à fait. Aussi avait-il pris l'habitude de se réfugier dans des pensées sans importance qui lui permettaient de laisser de côté le fond des choses. De même qu'il ne se demandait pas s'il n'eût pas mieux fait de ne pas aller dans le monde, mais en revanche savait avec certitude que s'il avait accepté une invitation il devait s'y rendre et que s'il ne faisait pas de visite après il lui fallait laisser des cartes, de même dans sa conversation il s'efforçait de ne jamais exprimer avec cœur une opinion intime sur les choses, mais de fournir des détails matériels qui valaient en quelque sorte par eux-mêmes et lui permettaient de ne pas donner sa mesure. Il était extrêmement précis pour une recette de cuisine, pour la date de la naissance ou de la mort d'un peintre, pour la nomenclature de ses œuvres. Parfois, malgré tout, il se laissait aller à émettre un jugement sur une œuvre, sur une manière de comprendre la vie, mais il donnait alors à ses paroles un ton ironique comme s'il n'adhérait pas*

*tout entier à ce qu'il disait. Or, comme certains valétudinaires chez qui tout d'un coup, un pays où ils sont arrivés, un régime différent, quelquefois une évolution organique, spontanée et mystérieuse, semblent amener une telle régression de leur mal qu'ils commencent à envisager la possibilité inespérée de commencer sur le tard une vie toute différente, Swann trouvait en lui, dans le souvenir de la phrase qu'il avait entendue, dans certaines sonates qu'il s'était fait jouer, pour voir s'il ne l'y découvrirait pas, la présence d'une de ces réalités invisibles auxquelles il avait cessé de croire et auxquelles, comme si la musique avait eu sur la sécheresse morale dont il souffrait une sorte d'influence élective, il se sentait de nouveau le désir et presque la force de consacrer sa vie. Mais n'étant pas arrivé à savoir de qui était l'œuvre qu'il avait entendue, il n'avait pu se la procurer et avait fini par l'oublier. Il avait bien rencontré dans la semaine quelques personnes qui se trouvaient comme lui à cette soirée et les avait interrogées; mais plusieurs étaient arrivées après la musique ou parties avant; certaines pourtant étaient là pendant qu'on l'exécutait mais étaient allées causer dans un autre salon, et d'autres restées à écouter n'avaient pas entendu plus que les premières.*
*Quant aux maîtres de maison ils savaient que c'était une œuvre nouvelle que les artistes qu'ils avaient engagés avaient demandé à jouer; ceux-ci étant partis en tournée, Swann ne put pas en savoir davantage. Il avait bien des amis musiciens, mais tout en se rappelant le plaisir spécial et intraduisible que lui avait fait la phrase, en voyant devant ses yeux les formes qu'elle dessinait, il était pourtant incapable de la leur*

*chanter. Puis il cessa d'y penser.*
*Or, quelques minutes à peine après que le petit pianiste avait commencé de jouer chez Mme Verdurin, tout d'un coup après une note haute longuement tenue pendant deux mesures, il vit approcher, s'échappant de sous cette sonorité prolongée et tendue comme un rideau sonore pour cacher le mystère de son incubation, il reconnut, secrète, bruissante et divisée, la phrase aérienne et odorante qu'il aimait. Et elle était si particulière, elle avait un charme si individuel et qu'aucun autre n'aurait pu remplacer, que ce fut pour Swann comme s'il eût rencontré dans un salon ami une personne qu'il avait admirée dans la rue et désespérait de jamais retrouver. A la fin, elle s'éloigna, indicatrice, diligente, parmi les ramifications de son parfum, laissant sur le visage de Swann le reflet de son sourire. Mais maintenant il pouvait demander le nom de son inconnue (on lui dit que c'était l'andante de la sonate pour piano et violon de Vinteuil), il la tenait, il pourrait l'avoir chez lui aussi souvent qu'il voudrait, essayer d'apprendre son langage et son secret.*

**Faire catleya**
Une expression employée par Swann et Odette signifiant leur rapport intime. Cet euphémisme est personnel et uniquement consacré à leur relation.

*De tous les modes de production de l'amour, de tous les agents de dissémination du mal sacré, il est bien l'un des plus efficaces, ce grand souffle d'agitation qui parfois passe sur nous. Alors l'être avec qui nous nous plaisons à ce moment-là, le sort en est jeté, c'est*

*lui que nous aimerons. Il n'est même pas besoin qu'il nous plût jusque-là plus ou même autant que d'autres.*
*Ce qu'il fallait, c'est que notre goût pour lui devint exclusif. Et cette condition-là est réalisée quand – à ce moment où il nous fait défaut – à la recherche des plaisirs que son agrément nous donnait, s'est brusquement substitué en nous un besoin anxieux, qui a pour objet cet être même, un besoin absurde, que les lois de ce monde rendent impossible à satisfaire et difficile à guérir – le besoin insensé et douloureux de le posséder.*
*Swann se fit conduire dans les derniers restaurants; c'est la seule hypothèse du bonheur qu'il avait envisagée avec calme; il ne cachait plus maintenant son agitation, le prix qu'il attachait à cette rencontre et il promit en cas de succès une récompense à son cocher, comme si en lui inspirant le désir de réussir qui viendrait s'ajouter à celui qu'il en avait lui-même, il pouvait faire qu'Odette, au cas où elle fût déjà rentrée se coucher, se trouvât pourtant dans un restaurant du boulevard. Il poussa jusqu'à la Maison Dorée, entra deux fois chez Tortoni et, sans l'avoir vue davantage, venait de ressortir du Café Anglais, marchant à grands pas, l'air hagard, pour rejoindre sa voiture qui l'attendait au coin du boulevard des Italiens, quand il heurta une personne qui venait en sens contraire: c'était Odette ; elle lui expliqua plus tard que n'ayant pas trouvé de place chez Prévost, elle était allée souper à la Maison Dorée dans un enfoncement où il ne l'avait pas découverte, et elle regagnait sa voiture.*
*Elle s'attendait si peu à le voir qu'elle eut un mouve-*

ment d'effroi. Quant à lui, il avait couru Paris non parce qu'il croyait possible de la rejoindre, mais parce qu'il lui était trop cruel d'y renoncer. Mais cette joie que sa raison n'avait cessé d'estimer, pour ce soir, irréalisable, ne lui en paraissait maintenant que plus réelle; car, il n'y avait pas collaboré par la prévision des vraisemblances, elle lui restait extérieure ; il n'avait pas besoin de tirer de son esprit pour la lui fournir, –c'est d'elle-même qu'émanait, c'est elle-même qui projetait vers lui – cette vérité qui rayonnait au point de dissiper comme un songe l'isolement qu'il avait redouté, et sur laquelle il appuyait, il reposait, sans penser, sa rêverie heureuse. Ainsi un voyageur arrivé par un beau temps au bord de la Méditerranée, incertain de l'existence des pays qu'il vient de quitter, laisse éblouir sa vue, plutôt qu'il ne leur jette des regards, par les rayons qu'émet vers lui l'azur lumineux et résistant des eaux.
Il monta avec elle dans la voiture qu'elle avait et dit à la sienne de suivre. Elle tenait à la main un bouquet de catleyas et Swann vit, sous sa fanchon de dentelle, qu'elle avait dans les cheveux des fleurs de cette même orchidée attachées à une aigrette en plumes de cygnes. Elle était habillée sous sa mantille, d'un flot de velours noir qui, par un rattrapé oblique, découvrait en un large triangle le bas d'une jupe de faille blanche et laissait voir un empièçement, également de faille blanche, à l'ouverture du corsage décolleté, où étaient enfoncées d'autres fleurs de catleyas. Elle était à peine remise de la frayeur que Swann lui avait causée quand un obstacle fit faire un écart au cheval. Ils furent vivement déplacés, elle avait jeté un cri et restait toute palpitante, sans respiration.

— « *Ce n'est rien, lui dit-il, n'ayez pas peur.* »
*Et il la tenait par l'épaule, l'appuyant contre lui pour la maintenir ; puis il lui dit :*
— *Surtout, ne me parlez pas, ne me répondez que par signes pour ne pas vous essouffler encore davantage. Cela ne vous gêne pas que je remette droites les fleurs de votre corsage qui ont été déplacées par le choc. J'ai peur que vous ne les perdiez, je voudrais les enfoncer un peu.*
*Elle, qui n'avait pas été habituée à voir les hommes faire tant de façons avec elle, dit en souriant :*
— « *Non, pas du tout, ça ne me gêne pas.* »
*Mais lui, intimidé par sa réponse, peut-être aussi pour avoir l'air d'avoir été sincère quand il avait pris ce prétexte, ou même, commençant déjà à croire qu'il l'avait été, s'écria :*
— « *Oh ! non, surtout, ne parlez pas, vous allez encore vous essouffler, vous pouvez bien me répondre par gestes, je vous comprendrai bien. Sincèrement je ne vous gêne pas ? Voyez, il y a un peu... je pense que c'est du pollen qui s'est répandu sur vous, vous permettez que je l'essuie avec ma main ? Je ne vais pas trop fort, je ne suis pas trop brutal ? Je vous chatouille peut-être un peu? mais c'est que je ne voudrais pas toucher le velours de la robe pour ne pas le friper. Mais, voyez-vous, il était vraiment nécessaire de les fixer ils se raient tombés; et comme cela, en les enfonçant un peu moi-même... Sérieusement, je ne vous suis pas désagréable ? Et en les respirant pour voir s'ils n'ont vraiment pas d'odeur non plus ? Je n'en ai jamais senti, je peux ? dites la vérité.* »
*Souriant, elle haussa légèrement les épaules, comme pour dire* «*vous êtes fou, vous voyez bien que ça me*

plaît ».

*Il élevait son autre main le long de la joue d'Odette ; elle le regarda fixement, de l'air languissant et grave qu'ont les femmes du maître florentin avec lesquelles il lui avait trouvé de la ressemblance ; amenés au bord des paupières, ses yeux brillants, larges et minces, comme les leurs, semblaient prêts à se détacher ainsi que deux larmes. Elle fléchissait le cou comme on leur voit faire à toutes, dans les scènes païennes comme dans les tableaux religieux. Et, en une attitude qui sans doute lui était habituelle, qu'elle savait convenable à ces moments-là et qu'elle faisait attention à ne pas oublier de prendre, elle semblait avoir besoin de toute sa force pour retenir son visage, comme si une force invisible l'eût attiré vers Swann. Et ce fut Swann, qui, avant qu'elle le laissât tomber, comme malgré elle, sur ses lèvres, le retint un instant, à quelque distance, entre ses deux mains. Il avait voulu laisser à sa pensée le temps d'accourir, de reconnaître le rêve qu'elle avait si longtemps caressé et d'assister à sa réalisation, comme une parente qu'on appelle pour prendre sa part du succès d'un enfant qu'elle a beaucoup aimé. Peut-être aussi Swann attachait-il sur ce visage d'Odette non encore possédée, ni même encore embrassée par lui, qu'il voyait pour la dernière fois, ce regard avec lequel, un jour de départ, on voudrait emporter un paysage qu'on va quitter pour toujours.*

*Mais il était si timide avec elle, qu'ayant fini par la posséder ce soir-là, en commençant par arranger ses catleyas, soit crainte de la froisser, soit peur de paraître rétrospectivement avoir menti, soit manque d'audace pour formuler une exigence plus grande que celle-là (qu'il pouvait renouveler puisqu'elle n'avait pas fâché Odette la première fois), les jours suivants il usa du même prétexte. Si elle avait des catleyas à son corsage, il disait : « C'est malheureux, ce soir, les catleyas n'ont pas besoin d'être arrangés, ils n'ont pas été déplacés comme l'autre soir; il me semble pourtant que celui-ci n'est pas très droit. Je peux voir s'ils ne sentent pas plus que les autres ? » Ou bien, si elle n'en avait pas : « Oh ! pas de catleyas ce soir, pas moyen de me livrer à mes petits arrangements. » De sorte que, pendant quelque temps, ne fut pas changé l'ordre qu'il avait suivi le premier soir, en débutant par des attouchements de doigts et de lèvres sur la gorge d'Odette et que ce fut par eux encore que commençaient chaque fois ses caresses ; et, bien plus tard quand l'arrangement (ou le simulacre d'arrangement) des catleyas, fut depuis longtemps tombé en désuétude, la métaphore « faire catleya », devenue un simple vocable qu'ils employaient sans y penser quand ils voulaient signifier l'acte de la possession physique – où d'ailleurs l'on ne possède rien, – survécut dans leur langage, où elle le commémorait, à cet usage oublié. Et peut-être cette manière particulière de dire « faire l'amour » ne signifiait-elle pas exactement la même chose que ses synonymes. On a beau être blasé sur les femmes, considérer la possession des plus différentes comme toujours la même et connue d'avance, elle devient au contraire un plaisir nouveau s'il s'agit de femmes assez difficiles – ou crues telles par nous – pour que nous soyons obligés de la faire naître de quelque épisode imprévu de nos relations avec elles, comme avait été la première fois pour Swann l'arrangement des catleyas. Il espérait en tremblant, ce soir-là (mais Odette, se disait-il, si elle était dupe de sa ruse, ne pouvait le deviner), que c'était la possession de cette femme qui allait sortir d'entre leurs larges pétales mauves ; et le plaisir qu'il éprouvait déjà et qu'Odette ne tolérait peut-être, pensait-il, que parce qu'elle ne l'avait pas reconnu, lui semblait, à cause de cela – comme il pu paraître au premier homme qui le goûta parmi les fleurs du paradis terrestre – un plaisir qui n'avait pas existé jusque-là, qu'il cherchait à créer, un plaisir – ainsi que le nom spécial qu'il lui donna en garda la trace – entièrement particulier et nouveau.*

### Rencontres avec le Baron de Charlus
Le baron est loin de faire bonne impression à Marcel lors de leur première rencontre. Ce sera toujours pas le cas plus tard.

*Je tournai la tête et j'aperçus un homme d'une quarantaine d'années, très grand et assez gros, avec des moustaches très noires, et qui, tout en frappant nerveusement son pantalon avec une badine, fixait sur moi des yeux dilatés par l'attention. Par moments, ils étaient percés en tous sens par des regards d'une extrême activité, comme en ont seuls devant une personne qu'ils ne connaissent pas des hommes à qui, pour un motif quelconque, elle inspire des pensées qui ne viendraient pas à tout autre – par exemple des fous ou des espions. (À l'ombre des jeunes filles en fleurs).*

*Le Baron, qui cherchait maintenant à dissimuler*

*l'impression qu'il avait ressentie, mais qui, malgré son indifférence affectée, semblait ne s'éloigner qu'à regret, allait, venait, regardait dans le vague de la façon qu'il pensait mettre le plus en valeur la beauté de ses prunelles, prenant un air fat, négligent, ridicule* (Sodome et Gomorrhe).

**Tante Léonie**
*Ainsi passait la vie pour ma tante Léonie, toujours identique, dans la douce uniformité de ce qu'elle appelait avec un dédain affecté et une tendresse profonde, son « petit traintrain ». Préservé par tout le monde, non seulement à la maison, où chacun ayant éprouvé l'inutilité de lui conseiller une meilleure hygiène, s'était peu à peu résigné à le respecter, mais même dans le village où, à trois rues de nous, l'emballeur, avant de clouer ses caisses, faisait demander à Françoise si ma tante ne « reposait pas », – ce traintrain fut pourtant troublé une fois cette année-là. Comme un fruit caché qui serait parvenu à maturité sans qu'on s'en aperçût et se détacherait spontanément, survint une nuit la délivrance de la fille de cuisine. Mais ses douleurs étaient intolérables, et comme il n'y avait pas de sage-femme à Combray, Françoise dut partir avant le jour en chercher une à Thiberzy. Ma tante, à cause des cris de la fille de cuisine, ne put reposer, et Françoise, malgré la courte distance, n'étant revenue que très tard, lui manqua beaucoup. Aussi, ma mère me dit-elle dans la matinée : « Monte donc voir si ta tante n'a besoin de rien.... »*
*J'entrai dans la première pièce et, par la porte ouver-*

*te, vis ma tante, couchée sur le côté, qui dormait ; je l'entendis ronfler légèrement. J'allais m'en aller doucement mais sans doute le bruit que j'avais fait était intervenu dans son sommeil et en avait « changé la vitesse », comme on dit pour les automobiles, car la musique du ronflement s'interrompit une seconde et reprit un ton plus bas, puis elle s'éveilla et tourna à demi son visage que je pus voir alors ; il exprimait une sorte de terreur ; elle venait évidemment d'avoir un rêve affreux ; elle ne pouvait me voir de la façon dont elle était placée, et je restais là ne sachant si je devais m'avancer ou me retirer; mais déjà elle semblait revenue au sentiment de la réalité et avait reconnu le mensonge des visions qui l'avaient effrayée ; un sourire de joie, de pieuse reconnaissance envers Dieu qui permet que la vie soit moins cruelle que les rêves, éclaira faiblement son visage, et avec cette habitude qu'elle avait prise de se parler à mi-voix à elle-même quand elle se croyait seule, elle murmura : « Dieu soit loué ! nous n'avons comme tracas que le fille de cuisine qui accouche. Voilà-t-il pas que je rêvais que mon pauvre Octave était ressuscité et qu'il voulait me faire faire une promenade tous les jours ! » Sa main se tendit vers son chapelet qui était sur la petite table, mais le sommeil recommençant ne lui laissa pas la force de l'atteindre : elle se rendormit, tranquillisée, et je sortis à pas de loup de la chambre sans qu'elle ni personne eût jamais appris ce que j'avais entendu.*

*Quand je dis qu'en dehors d'événements très rares, comme cet accouchement, le traintrain de ma tante ne subissait jamais aucune variation, je ne parle pas de celles qui, se répétant toujours identiques à des inter-*

*valles réguliers, n'introduisaient au sein de l'uniformité qu'une sorte d'uniformité secondaire.*
*C'est ainsi que tous les samedis, comme Françoise allait dans l'après-midi au marché de Roussainville-le-Pin, le déjeuner était, pour tout le monde, une heure plus tôt. Et ma tante avait si bien pris l'habitude de cette dérogation hebdomadaire à ses habitudes, qu'elle tenait à cette habitude-là autant qu'aux autres. Elle y était si bien « routinée », comme disait Françoise, que s'il lui avait fallu un samedi, attendre pour déjeuner l'heure habituelle, cela l'eût autant « dérangée » que si elle avait dû, un autre jour, avancer son déjeuner à l'heure du samedi. Cette avance du déjeuner donnait d'ailleurs au samedi, pour nous tous, une figure particulière, indulgente, et assez sympathique. Au moment où d'habitude on a encore une heure à vivre avant la détente du repas, on savait que, dans quelques secondes, on allait voir arriver des endives précoces, une omelette de faveur, un bifteck immérité. Le retour de ce samedi asymétrique était un de ces petits événements intérieurs, locaux, presque civiques qui, dans les vies tranquilles et les sociétés fermées, créent une sorte de lien national et deviennent le thème favori des conversations, des plaisanteries, des récits exagérés à plaisir : il eût été le noyau tout prêt pour un cycle légendaire si l'un de nous avait eu la tête épique. Dès le matin, avant d'être habillés, sans raison, pour le plaisir d'éprouver la force de la solidarité, on se disait les uns aux autres avec bonne humeur, avec cordialité, avec patriotisme : « Il n'y a pas de temps à perdre, n'oublions pas que c'est samedi ! » cependant que ma tante, conférant avec Françoise et songeant que la*

*journée serait plus longue que d'habitude, disait :
« Si vous leur faisiez un beau morceau de veau, comme c'est samedi. »* Si à dix heures et demie un distrait tirait sa montre en disant : *« Allons, encore une heure et demie avant le déjeuner »*, chacun était enchanté d'avoir à lui dire: *« Mais voyons, à quoi pensez-vous, vous oubliez que c'est samedi ! »* ; on en riait encore un quart d'heure après et on se promettait de monter raconter cet oubli à ma tante pour l'amuser. Le visage du ciel même semblait changé. Après le déjeuner, le soleil, conscient que c'était samedi, flânait une heure de plus au haut du ciel, et quand quelqu'un, pensant qu'on était en retard pour la promenade, disait : *« Comment, seulement deux heures ? »* en voyant passer les deux coups du clocher de Saint-Hilaire (qui ont l'habitude de ne rencontrer encore personne dans les chemins désertés à cause du repas de midi ou de la sieste, le long de la rivière vive et blanche que le pêcheur même a abandonnée, et passent solitaires dans le ciel vacant où ne restent que quelques nuages paresseux), tout le monde en chœur lui répondait : *« Mais ce qui vous trompe, c'est qu'on a déjeuné une heure plus tôt, vous savez bien que c'est samedi ! »* La surprise d'un barbare (nous appelions ainsi tous les gens qui ne savaient pas ce qu'avait de particulier le samedi) qui, étant venu à onze heures pour parler à mon père, nous avait trouvés à table, était une des choses qui, dans sa vie, avaient le plus égayé Françoise. Mais si elle trouvait amusant que le visiteur interloqué ne sût pas que nous déjeunions plus tôt le samedi, elle trouvait plus comique encore (tout en sympathisant du fond du cœur avec ce chauvinisme étroit) que mon père, lui,

*n'eût pas eu l'idée que ce barbare pouvait l'ignorer et eût répondu sans autre explication à son étonnement de nous voir déjà dans la salle à manger : « Mais voyons, c'est samedi ! » Parvenue à ce point de son récit, elle essuyait des larmes d'hilarité et pour accroître le plaisir qu'elle éprouvait, elle prolongeait le dialogue, inventait ce qu'avait répondu le visiteur à qui ce « samedi » n'expliquait rien. Et bien loin de nous plaindre de ses additions, elles ne nous suffisaient pas encore et nous disions : « Mais il me semblait qu'il avait dit aussi autre chose. C'était plus long la première fois quand vous l'avez raconté. » Ma grand'tante elle-même laissait son ouvrage, levait la tête et regardait par-dessus son lorgnon.*

**La Berma**
Une actrice que le narrateur vient de voir jouer au théâtre dans le rôle de Phèdre.

*Quand M. de Norpois fut parti, mon père jeta un coup d'œil sur le journal du soir; je songeais de nouveau à la Berma. Le plaisir que j'avais eu à l'entendre exigeait d'autant plus d'être complété qu'il était loin d'égaler celui que je m'étais promis; aussi s'assimilait-il immédiatement tout ce qui était susceptible de le nourrir, par exemple ces mérites que M. de Norpois avait reconnus à la Berma et que mon esprit avait bus d'un seul trait comme un pré trop sec sur qui on verse de l'eau. Or mon père me passa le journal en me désignant un entrefilet conçu en ces termes : « La représentation de Phèdre qui a été donnée devant une salle enthousiaste où on remarquait les principales notabilités du monde des arts et de la cri-*

tique a été pour Mme Berma qui jouait le rôle de Phèdre, l'occasion d'un triomphe comme elle en a rarement connu de plus éclatant au cours de sa prestigieuse carrière. Nous reviendrons plus longuement sur cette représentation qui constitue un véritable événement théâtral ; disons seulement que les juges les plus autorisés s'accordaient à déclarer qu'une telle interprétation renouvelait entièrement le rôle de Phèdre, qui est un des plus beaux et des plus fouillés de Racine et constituait la plus pure et la plus haute manifestation d'art à laquelle de notre temps il ait été donné d'assister. » Dès que mon esprit eut conçu cette idée nouvelle de « la plus pure et haute manifestation d'art », celle-ci se rapprocha du plaisir imparfait que j'avais éprouvé au théâtre, lui ajouta un peu de ce qui lui manquait et leur réunion forma quelque chose de si exaltant que je m'écriai : « Quelle grande artiste ! » Sans doute on peut trouver que je n'étais pas absolument sincère. Mais qu'on songe plutôt à tant d'écrivains qui, mécontents du morceau qu'ils viennent d'écrire, s'ils lisent un éloge du génie de Châteaubriand, ou évoquant tel grand artiste dont ils ont souhaité d'être l'égal, fredonnant par exemple en eux-mêmes telle phrase de Beethoven de laquelle ils comparent la tristesse à celle qu'ils ont voulu mettre dans leur prose, se remplissent tellement de cette idée de génie qu'ils l'ajoutent à leurs propres productions en repensant à elles, ne les voient plus telles qu'elles leur étaient apparues d'abord, et risquant un acte de foi dans la valeur de leur œuvre se disent : « Après tout ! » sans se rendre compte que, dans le total qui détermine leur satisfaction finale, ils font entrer le souvenir de merveilleuses pages de Châteaubriand

*qu'ils assimilent aux leurs, mais enfin qu'ils n'ont point écrites ; qu'on se rappelle tant d'hommes qui croient en l'amour d'une maîtresse de qui ils ne connaissent que les trahisons ; tous ceux aussi qui espèrent alternativement soit une survie incompréhensible dès qu'ils pensent, maris inconsolables, à une femme qu'ils ont perdue et qu'ils aiment encore, artistes, à la gloire future de laquelle ils pourront jouir, soit un néant rassurant quand leur intelligence se reporte au contraire aux fautes que sans lui ils auraient à expier après leur mort ; qu'on pense encore aux touristes qu'exalte la beauté d'ensemble d'un voyage dont jour par jour ils n'ont éprouvé que de l'ennui, et qu'on dise, si dans la vie en commun que mènent les idées au sein de notre esprit, il est une seule de celles qui nous rendent le plus heureux qui n'ait été d'abord en véritable parasite demander à une idée étrangère et voisine le meilleur de la force qui lui manquait. [...]*
*Les visites finies (ma grand'mère dispensait que nous en fissions une chez elle, comme nous y dînions ce jour-là) je courus jusqu'aux Champs-Élysées porter à notre marchande pour qu'elle la remît à la personne qui venait plusieurs fois par semaine de chez les Swann y chercher du pain d'épices, la lettre que dès le jour où mon amie m'avait fait tant de peine, j'avais décidé de lui envoyer au nouvel an, et dans laquelle je lui disais que notre amitié ancienne disparaissait avec l'année finie, que j'oubliais mes griefs et mes déceptions et qu'à partir du 1er janvier, c'était une amitié neuve que nous allions bâtir, si solide que rien ne la détruirait, si merveilleuse que j'espérais que Gilberte mettrait quelque coquetterie à lui garder*

*toute sa beauté et à m'avertir à temps comme je promettais de le faire moi-même, aussitôt que surviendrait le moindre péril qui pourrait l'endommager. En rentrant, Françoise me fit arrêter, au coin de la rue Royale, devant un étalage en plein vent où elle choisit, pour ses propres étrennes, des photographies de Pie IX et de Raspail et où, pour ma part, j'en achetai une de la Berma. Les innombrables admirations qu'excitait l'artiste donnaient quelque chose d'un peu pauvre à ce visage unique qu'elle avait pour y répondre, immuable et précaire comme ce vêtement des personnes qui n'en ont pas de rechange, et où elle ne pouvait exhiber toujours que le petit pli au-dessus de la lèvre supérieure, le relèvement des sourcils, quelques autres particularités physiques toujours les mêmes qui, en somme, étaient à la merci d'une brûlure ou d'un choc. Ce visage, d'ailleurs, ne m'eût pas à lui seul semblé beau, mais il me donnait l'idée, et par conséquent, l'envie de l'embrasser à cause de tous les baisers qu'il avait dû supporter, et que du fond de la « carte-album », il semblait appeler encore par ce regard coquettement tendre et ce sourire artificieusement ingénu. Car la Berma devait ressentir effectivement pour bien des jeunes hommes ces désirs qu'elle avouait sous le couvert du personnage de Phèdre, et dont tout, même le prestige de son nom qui ajoutait à sa beauté et prorogeait sa jeunesse, devait lui rendre l'assouvissement si facile. Le soir tombait, je m'arrêtai devant une colonne de théâtre où était affichée la représentation que la Berma donnait pour le 1er janvier. Il soufflait un vent humide et doux.*

**Les water closet**
Un des endroits qui initient – par leur odeur et leur aspect – la mémoire involontaire chez Proust, mais que les proustiens citent beaucoup moins que la madeleine.

*Je dus quitter un instant Gilberte, Françoise m'ayant appelé. Il me fallut l'accompagner dans un petit pavillon treillissé de vert, assez semblable aux bureaux d'octroi désaffectés du vieux Paris, et dans lequel étaient depuis peu installés, ce qu'on appelle en Angleterre un lavabo, et en France, par une anglomanie mal informée, des water-closets. Les murs humides et anciens de l'entrée, où je restai à attendre Françoise dégageaient une fraîche odeur de renfermé qui, m'allégeant aussitôt des soucis que venaient de faire naître en moi les paroles de Swann rapportées par Gilberte, me pénétra d'un plaisir non pas de la même espèce que les autres, lesquels nous laissent plus instables, incapables de les retenir, de les posséder, mais au contraire d'un plaisir consistant auquel je pouvais m'étayer, délicieux, paisible, riche d'une vérité durable, inexpliquée et certaine. J'aurais voulu, comme autrefois dans mes promenades du côté de Guermantes, essayer de pénétrer le charme de cette impression qui m'avait saisi et rester immobile à interroger cette émanation vieillotte qui me proposait non de jouir du plaisir qu'elle ne me donnait que par surcroît, mais de descendre dans la réalité qu'elle ne m'avait pas dévoilée. Mais la tenancière de l'établissement, vieille dame à joues plâtrées, et à perruque rousse, se mit à me parler. Françoise la*

*croyait « tout à fait bien de chez elle ». Sa demoiselle avait épousé ce que Françoise appelait « un jeune homme de famille » par conséquent quelqu'un qu'elle trouvait plus différent d'un ouvrier que Saint-Simon un duc d'un homme « sorti de la lie du peuple ».*
*Sans doute la tenancière avant de l'être avait eu des revers. Mais Françoise assurait qu'elle était marquise et appartenait à la famille de Saint-Ferréol. Cette marquise me conseilla de ne pas rester au frais et m'ouvrit même un cabinet en me disant : « Vous ne voulez pas entrer ? en voici un tout propre, pour vous ce sera gratis. » Elle le faisait peut-être seulement comme les demoiselles de chez Gouache quand nous venions faire une commande m'offraient un des bonbons qu'elles avaient sur le comptoir sous des cloches de verre et que maman me défendait hélas d'accepter; peut-être aussi moins innocemment comme telle vieille fleuriste par qui maman faisait remplir ses « jardinières » et qui me donnait une rose en roulant des yeux doux. En tous cas, si la « marquise » avait du goût pour les jeunes garçons, en leur ouvrant la porte hypogéenne de ces cubes de pierre où les hommes sont accroupis comme des sphinx, elle devait chercher dans ses générosités moins l'espérance de les corrompre que le plaisir qu'on éprouve à se montrer vainement prodigue envers ce qu'on aime, car je n'ai jamais vu auprès d'elle d'autre visiteur qu'un vieux garde forestier du jardin.*

## Chez les Verdurin
*Pour faire partie du « petit noyau », du « petit groupe », du « petit clan » des Verdurin, une condition était suffisante mais elle était nécessaire : il fallait*

*adhérer tacitement à un Credo dont un des articles était que le jeune pianiste, protégé par Mme Verdurin cette année-là et dont elle disait : « Ça ne devrait pas être permis de savoir jouer Wagner comme ça ! », « enfonçait » à la fois Planté et Rubinstein et que le docteur Cottard avait plus de diagnostic que Potain. Toute « nouvelle recrue » à qui les Verdurin ne pouvaient pas persuader que les soirées des gens qui n'allaient pas chez eux étaient ennuyeuses comme la pluie, se voyait immédiatement exclue. Les femmes étant à cet égard plus rebelles que les hommes à déposer toute curiosité mondaine et l'envie de se renseigner par soi-même sur l'agrément des autres salons, et les Verdurin sentant d'autre part que cet esprit d'examen et ce démon de frivolité pouvaient par contagion devenir fatal à l'orthodoxie de la petite église, ils avaient été amenés à rejeter successivement tous les « fidèles » du sexe féminin.*
*En dehors de la jeune femme du docteur, ils étaient réduits presque uniquement cette année-là (bien que Mme Verdurin fût elle-même vertueuse et d'une respectable famille bourgeoise excessivement riche et entièrement obscure avec laquelle elle avait peu à peu cessé volontairement toute relation) à une personne presque du demi-monde, Mme de Crécy, que Mme Verdurin appelait par son petit nom, Odette, et déclarait être « un amour » et à la tante du pianiste, laquelle devait avoir tiré le cordon; personnes ignorantes du monde et à la naïveté de qui il avait été si facile de faire accroire que la princesse de Sagan et la duchesse de Guermantes étaient obligées de payer des malheureux pour avoir du monde à leurs dîners, que si on leur avait offert de les faire inviter chez ces*

*deux grandes dames, l'ancienne concierge et la cocotte eussent dédaigneusement refusé.*
*Les Verdurin n'invitaient pas à dîner : on avait chez eux « son couvert mis ».*
*Pour la soirée, il n'y avait pas de programme. Le jeune pianiste jouait, mais seulement si « ça lui chantait », car on ne forçait personne et comme disait M. Verdurin : « Tout pour les amis, vivent les camarades ! » Si le pianiste voulait jouer la chevauchée de la Walkyrie ou le prélude de Tristan, Mme Verdurin protestait, non que cette musique lui déplût, mais au contraire parce qu'elle lui causait trop d'impression. « Alors vous tenez à ce que j'aie ma migraine ? Vous savez bien que c'est la même chose chaque fois qu'il joue ça. Je sais ce qui m'attend ! Demain quand je voudrai me lever, bonsoir, plus personne ! » S'il ne jouait pas, on causait, et l'un des amis, le plus souvent leur peintre favori d'alors, « lâchait », comme disait M. Verdurin, « une grosse faribole qui faisait s'esclaffer tout le monde », Mme Verdurin surtout, à qui, – tant elle avait l'habitude de prendre au propre les expressions figurées des émotions qu'elle éprouvait, – le docteur Cottard (un jeune débutant à cette époque) dut un jour remettre sa mâchoire qu'elle avait décrochée pour avoir trop ri.*
*L'habit noir était défendu parce qu'on était entre « copains » et pour ne pas ressembler aux « ennuyeux » dont on se garait comme de la peste et qu'on n'invitait qu'aux grandes soirées, données le plus rarement possible et seulement si cela pouvait amuser le peintre ou faire connaître le musicien. Le reste du temps on se contentait de jouer des charades, de souper en costumes, mais entre soi, en ne mêlant*

*aucun étranger au petit « noyau ».*
*Mais au fur et à mesure que les « camarades » avaient pris plus de place dans la vie de Mme Verdurin, les ennuyeux, les réprouvés, ce fut tout ce qui retenait les amis loin d'elle, ce qui les empêchait quelquefois d'être libres, ce fut la mère de l'un, la profession de l'autre, la maison de campagne ou la mauvaise santé d'un troisième. Si le docteur Cottard croyait devoir partir en sortant de table pour retourner auprès d'un malade en danger : « Qui sait, lui disait Mme Verdurin, cela lui fera peut-être beaucoup plus de bien que vous n'alliez pas le déranger ce soir ; il passera une bonne nuit sans vous ; demain matin vous irez de bonne heure et vous le trouverez guéri. » Dès le commencement de décembre elle était malade à la pensée que les fidèles « lâcheraient » pour le jour de Noël et le 1er janvier. La tante du pianiste exigeait qu'il vînt dîner ce jour-là en famille chez sa mère à elle :*
*— « Vous croyez qu'elle en mourrait, votre mère, s'écria durement Mme Verdurin, si vous ne dîniez pas avec elle le jour de l'an, comme en province ! »*

## Discussion avec Bergotte
*Je me laissais aller à raconter mes impressions. Souvent Bergotte ne les trouvait pas justes, mais il me laissait parler. Je lui dis que j'avais aimé cet éclairage vert qu'il y a au moment où Phèdre lève le bras. « Ah ! vous feriez très plaisir au décorateur qui est un grand artiste, je le lui raconterai parce qu'il est très fier de cette lumière-là. Moi je dois dire que je ne l'aime pas beaucoup, ça baigne tout dans une espèce*

*de machine glauque, la petite Phèdre là-dedans fait trop branche de corail au fond d'un aquarium. Vous direz que ça fait ressortir le côté cosmique du drame. Ça c'est vrai. Tout de même ce serait mieux pour une pièce qui se passerait chez Neptune. Je sais bien qu'il y a là de la vengeance de Neptune. Mon Dieu je ne demande pas qu'on ne pense qu'à Port-Royal, mais enfin, tout de même ce que Racine a raconté ce ne sont pas les amours des oursins. Mais enfin c'est ce que mon ami a voulu et c'est très fort tout de même et au fond, c'est assez joli. Oui, enfin vous avez aimé ça, vous avez compris, n'est-ce pas, au fond nous pensons de même là-dessus, c'est un peu insensé ce qu'il a fait, n'est-ce pas, mais enfin c'est très intelligent. »* Et quand l'avis de Bergotte était ainsi contraire au mien, il ne me réduisait nullement au silence, à l'impossibilité de rien répondre, comme eût fait celui de M. de Norpois. Cela ne prouve pas que les opinions de Bergotte fussent moins valables que celles de l'ambassadeur, au contraire. Une idée forte communique un peu de sa force au contradicteur. Participant à la valeur universelle des esprits, elle s'insère, se greffe en l'esprit de celui qu'elle réfute, au milieu d'idées adjacentes, à l'aide desquelles, reprenant quelque avantage, il la complète, la rectifie ; si bien que la sentence finale est en quelque sorte l'œuvre des deux personnes qui discutaient. C'est aux idées qui ne sont pas, à proprement parler, des idées, aux idées qui ne tenant à rien, ne trouvent aucun point d'appui, aucun rameau fraternel dans l'esprit de l'adversaire, que celui-ci, aux prises avec le pur vide, ne trouve rien à répondre. Les arguments de M. de Norpois (en matière d'art) étaient sans réplique par-

*ce qu'ils étaient sans réalité.*
*Bergotte n'écartant pas mes objections, je lui avouai qu'elles avaient été méprisées par M. de Norpois. « Mais c'est un vieux serin, répondit-il; il vous a donné des coups de bec parce qu'il croit toujours avoir devant lui un échaudé ou une seiche. » « Comment ! vous connaissez Norpois », me dit Swann. « Oh ! il est ennuyeux comme la pluie, interrompit sa femme qui avait grande confiance dans le jugement de Bergotte et craignait sans doute que M. de Norpois ne nous eût dit du mal d'elle. J'ai voulu causer avec lui après le dîner, je ne sais pas si c'est l'âge ou la digestion, mais je l'ai trouvé d'un vaseux. Il semble qu'on aurait eu besoin de le doper ! » « Oui, n'est-ce pas, dit Bergotte, il est bien obligé de se taire assez souvent pour ne pas épuiser avant la fin de la soirée la provision de sottises qui empèsent le jabot de la chemise et maintiennent le gilet blanc. » « Je trouve Bergotte et ma femme bien sévères, dit Swann qui avait pris chez lui « l'emploi » d'homme de bon sens. Je reconnais que Norpois ne peut pas vous intéresser beaucoup, mais à un autre point de vue (car Swann aimait à recueillir les beautés de la « vie »), il est quelqu'un d'assez curieux, d'assez curieux comme « amant ». Quand il était secrétaire à Rome, ajouta-t-il, après s'être assuré que Gilberte ne pouvait pas entendre, il avait à Paris une maîtresse dont il était éperdu et il trouvait le moyen de faire le voyage deux fois par semaine pour la voir deux heures. C'était du reste une femme très intelligente et ravissante à ce moment-là, c'est une douairière maintenant. Et il en a eu beaucoup d'autres dans l'intervalle. Moi je serais devenu fou s'il avait fallu que la femme que j'aimais*

*habitât Paris pendant que j'étais retenu à Rome. Pour les gens nerveux il faudrait toujours qu'ils aimassent comme disent les gens du peuple, « au-dessous d'eux » afin qu'une question d'intérêt mît la femme qu'ils aiment à leur discrétion. »*
*A ce moment Swann s'aperçut de l'application que je pouvais faire de cette maxime à lui et à Odette. Et comme même chez les êtres supérieurs, au moment où ils semblent planer avec vous au-dessus de la vie, l'amour-propre reste mesquin, il fut pris d'une grande mauvaise humeur contre moi. Mais cela ne se manifesta que par l'inquiétude de son regard. Il ne me dit rien au moment même. Il ne faut pas trop s'en étonner. Quand Racine, selon un récit d'ailleurs controuvé, mais dont la matière se répète tous les jours dans la vie de Paris, fit allusion à Scarron devant Louis XIV, le plus puissant roi du monde ne dit rien le soir même au poète. Et c'est le lendemain que celui-ci tomba en disgrâce.*

## Le caractère de Gilberte
*Sans doute on sait bien qu'un enfant tient de son père et de sa mère. Encore la distribution des qualités et des défauts dont il hérite se fait-elle si étrangement que, de deux qualités qui semblaient inséparables chez un des parents, on ne trouve plus que l'une chez l'enfant, et alliée à celui des défauts de l'autre parent qui semblait inconciliable avec elle. Même l'incarnation d'une qualité morale dans un défaut physique incompatible est souvent une des lois de la ressemblance filiale. De deux sœurs, l'une aura, avec la fière stature de son père, l'esprit mesquin de sa*

*mère ; l'autre, toute remplie de l'intelligence paternelle, la présentera au monde sous l'aspect qu'a sa mère ; le gros nez, le ventre noueux, et jusqu'à la voix sont devenus les vêtements de dons qu'on connaissait sous une apparence superbe. De sorte que de chacune des deux surs on peut dire avec autant de raison que c'est elle qui tient le plus de tel de ses parents. Il est vrai que Gilberte était fille unique, mais il y avait, au moins, deux Gilberte. Les deux natures, de son père et de sa mère, ne faisaient pas que se mêler en elle ; elles se la disputaient, et encore ce serait parler inexactement et donnerait à supposer qu'une troisième Gilberte souffrait pendant ce temps là d'être la proie des deux autres. Or, Gilberte était tour à tour l'une et puis l'autre, et à chaque moment rien de plus que l'une, c'est-à-dire incapable, quand elle était moins bonne, d'en souffrir, la meilleure Gilberte ne pouvant alors du fait de son absence momentanée, constater cette déchéance.*
*Aussi la moins bonne des deux était-elle libre de se réjouir de plaisirs peu nobles. Quand l'autre parlait avec le cœur de son père, elle avait des vues larges, on aurait voulu conduire avec elle une belle et bienfaisante entreprise, on le lui disait, mais au moment où l'on allait conclure, le cœur de sa mère avait déjà repris son tour ; et c'est lui qui vous répondait; et on était déçu et irrité – presque intrigué comme devant une substitution de personne – par une réflexion mesquine, un ricanement fourbe, où Gilberte se complaisait, car ils sortaient de ce qu'elle-même était à ce moment-là. L'écart était même parfois tellement grand entre les deux Gilberte qu'on se demandait, vainement du reste, ce qu'on avait pu lui faire, pour*

*la retrouver si différente. Le rendez-vous qu'elle vous avait proposé, non seulement elle n'y était pas venue et ne s'excusait pas ensuite, mais, quelle que fût l'influence qui eût pu faire changer sa détermination, elle se montrait si différente ensuite, qu'on aurait cru que, victime d'une ressemblance comme celle qui fait le fond des Ménechmes, on n'était pas devant la personne qui vous avait si gentiment demandé à vous voir, si elle ne nous eût témoigné une mauvaise humeur qui décelait qu'elle se sentait en faute et désirait éviter les explications.*

**Réflexions sur le chagrin**
*Pendant ces périodes où, tout en s'affaiblissant, persiste le chagrin, il faut distinguer entre celui que nous cause la pensée constante de la personne elle-même, et celui que raniment certains souvenirs, telle phrase méchante dite, tel verbe employé dans une lettre qu'on a reçue. En réservant de décrire à l'occasion d'un amour ultérieur, les formes diverses du chagrin, disons que de ces deux-là, la première est infiniment moins cruelle que la seconde. Cela tient à ce que notre notion de la personne vivant toujours en nous, y est embellie de l'auréole que nous ne tardons pas à lui rendre, et s'empreint sinon des douceurs fréquentes de l'espoir, tout au moins du calme d'une tristesse permanente. (D'ailleurs, il est à remarquer que l'image d'une personne qui nous fait souffrir tient peu de place, dans ces complications qui aggravent un chagrin d'amour, le prolongent et l'empêchent de guérir, comme dans certaines maladies la cause est hors de proportions avec la fièvre consécutive et la*

*lenteur à entrer en convalescence.) Mais si l'idée de la personne que nous aimons reçoit le reflet d'une intelligence généralement optimiste, il n'en est pas de même de ces souvenirs particuliers, de ces propos méchants, de cette lettre hostile (je n'en reçus qu'une seule qui le fût, de Gilberte), on dirait que la personne elle-même réside dans ces fragments pourtant si restreints et portée à une puissance qu'elle est bien loin d'avoir dans l'idée habituelle que nous formons d'elle tout entière. C'est que la lettre nous ne l'avons pas comme l'image de l'être aimé, contemplée dans le calme mélancolique du regret ; nous l'avons lue, dévorée, dans l'angoisse affreuse dont nous étreignait un malheur inattendu. La formation de cette sorte de chagrins est autre; ils nous viennent du dehors et c'est par le chemin de la plus cruelle souffrance qu'ils sont allés jusqu'à notre cœur. L'image de notre amie que nous croyons ancienne, authentique, a été en réalité refaite par nous bien des fois. Le souvenir cruel lui, n'est pas contemporain de cette image restaurée, il est d'un autre âge, il est un des rares témoins d'un monstrueux passé. Mais comme ce passé continue à exister, sauf en nous à qui il a plu de lui substituer un merveilleux âge d'or, un paradis où tout le monde sera réconcilié, ces souvenirs, ces lettres, sont un rappel à la réalité et devraient nous faire sentir par le brusque mal qu'ils nous font, combien nous nous sommes éloignés d'elle dans les folles espérances de notre attente quotidienne. Ce n'est pas que cette réalité doive toujours rester la même bien que cela arrive parfois. Il y a dans notre vie bien des femmes que nous n'avons jamais cherché à revoir et qui ont tout naturellement répondu à notre silence nullement voulu par un silence pareil. Seulement celles-là, comme nous ne les aimions pas, nous n'avons pas compté les années passées loin d'elles, et cet exemple qui l'infirmerait est négligé par nous quand nous raisonnons sur l'efficacité de l'isolement, comme le sont, par ceux qui croient aux pressentiments, tous les cas où les leurs ne furent pas vérifiés.*

**Réflexions sur le départ**
*Malheureusement ces lieux merveilleux que sont les gares, d'où l'on part pour une destination éloignée, sont aussi des lieux tragiques, car si le miracle s'y accomplit grâce auquel les pays qui n'avaient encore d'existence que dans notre pensée vont être ceux au milieu desquels nous vivrons, pour cette raison même il faut renoncer au sortir de la salle d'attente à retrouver tout à l'heure la chambre familière où l'on était il y a un instant encore. Il faut laisser toute espérance de rentrer coucher chez soi, une fois qu'on s'est décidé à pénétrer dans l'antre empesté par où l'on accède au mystère, dans un de ces grands ateliers vitrés, comme celui de Saint-Lazare où j'allai chercher le train de Balbec, et qui déployait au-dessus de la ville éventrée un de ces immenses ciels crus et gros de menaces amoncelées de drame, pareils à certains ciels, d'une modernité presque parisienne, de Mantegna ou de Véronèse, et sous lequel ne pouvait s'accomplir que quelque acte terrible et solennel comme un départ en chemin de fer ou l'érection de la Croix.*
*Tant que je m'étais contenté d'apercevoir du fond de mon lit de Paris l'église persane de Balbec au milieu des flocons de la tempête, aucune objection à ce*

*voyage n'avait été faite par mon corps. Elles avaient commencé seulement quand il avait compris qu'il serait de la partie et que le soir de l'arrivée on me conduirait à « ma » chambre qui lui serait inconnue. Sa révolte était d'autant plus profonde que la veille même du départ j'avais appris que ma mère ne nous accompagnerait pas, mon père, retenu au ministère jusqu'au moment où il partirait pour l'Espagne avec M. de Norpois ayant préféré louer une maison dans les environs de Paris. D'ailleurs la contemplation de Balbec ne me semblait pas moins désirable parce qu'il fallait l'acheter au prix d'un mal qui au contraire me semblait figurer et garantir, la réalité de l'impression que j'allais chercher, impression que n'aurait remplacée aucun spectacle prétendu équivalent, aucun « panorama » que j'eusse pu aller voir sans être empêché par cela même de rentrer dormir dans mon lit. Ce n'était pas la première fois que je sentais que ceux qui aiment et ceux qui ont du plaisir ne sont pas les mêmes.*

**La vie à l'hôtel de Balbec**
*Ma vie dans l'hôtel était rendue non seulement triste parce que je n'y avais pas de relations, mais incommode, parce que Françoise en avait noué de nombreuses. Il peut sembler qu'elles auraient dû nous faciliter bien des choses. C'était tout le contraire. Les prolétaires s'ils avaient quelque peine à être traités en personnes de connaissance par Françoise et ne le pouvaient qu'à de certaines conditions de grande politesse envers elle, en revanche, une fois qu'ils y étaient arrivés, étaient les seules gens qui comptassent pour elle. Son vieux code lui enseignait qu'elle*

n'était tenue à rien envers les amis de ses maîtres, qu'elle pouvait si elle était pressée envoyer promener une dame venue pour voir ma grand'mère. Mais envers ses relations à elle, c'est-à-dire avec les rares gens du peuple admis à sa difficile amitié, le protocole le plus subtil et le plus absolu réglait ses actions. Ainsi Françoise ayant fait la connaissance du cafetier et d'une petite femme de chambre qui faisait des robes pour une dame belge, ne remontait plus préparer les affaires de ma grand'mère tout de suite après déjeuner, mais seulement une heure plus tard parce que le cafetier voulait lui faire du café ou une tisane à la caféterie, que la femme de chambre lui demandait de venir la regarder coudre et que leur refuser eût été impossible et de ces choses qui ne se font pas. D'ailleurs des égards particuliers étaient dus à la petite femme de chambre qui était orpheline et avait été élevée chez des étrangers auprès desquels elle allait passer parfois quelques jours. Cette situation excitait la pitié de Françoise et aussi son dédain bienveillant. Elle qui avait de la famille, une petite maison qui lui venait de ses parents et où son frère élevait quelques vaches, elle ne pouvait pas considérer comme son égale une déracinée. Et comme cette petite espérait pour le 15 août aller voir ses bienfaiteurs, Françoise ne pouvait se tenir de répéter : « Elle me fait rire. Elle dit : j'espère d'aller chez moi pour le 15 août. Chez moi, qu'elle dit! C'est seulement pas son pays, c'est des gens qui l'ont recueillie, et ça dit chez moi comme si c'était vraiment chez elle. Pauvre petite ! quelle misère qu'elle peut bien avoir pour qu'elle ne connaisse pas ce que c'est que d'avoir un chez soi. » Mais si encore Françoise ne s'était liée qu'avec des *femmes de chambre amenées par des clients, lesquelles dînaient avec elle aux « courriers » et devant son beau bonnet de dentelles et son fin profil la prenaient pour quelque dame noble peut-être, réduite par les circonstances, ou poussée par l'attachement à servir de dame de compagnie à ma grand'mère, si en un mot Françoise n'eût connu que des gens qui n'étaient pas de l'hôtel, le mal n'eût pas été grand, parce qu'elle n'eût pu les empêcher de nous servir à quelque chose, pour la raison qu'en aucun cas, et même inconnus d'elle, ils n'auraient pu nous servir à rien. Mais elle s'était liée aussi avec un sommelier, avec un homme de la cuisine, avec une gouvernante d'étage. Et il en résultait en ce qui concernait notre vie de tous les jours que, Françoise qui le jour de son arrivée, quand elle ne connaissait encore personne sonnait à tort et à travers pour la moindre chose, à des heures où ma grand'mère et moi nous n'aurions pas osé le faire, et, si nous lui en faisions une légère observation répondait : « Mais on paye assez cher pour ça », comme si elle avait payé elle-même ; maintenant depuis qu'elle était amie d'une personnalité de la cuisine, ce qui nous avait paru de bon augure pour notre commodité, si ma grand'mère ou moi nous avions froid aux pieds, Françoise, fût-il une heure tout à fait normale, n'osait pas sonner ; elle assurait que ce serait mal vu parce que cela obligerait à rallumer les fourneaux, ou gênerait le dîner des domestiques qui seraient mécontents. Et elle finissait par une locution qui malgré la façon incertaine dont elle la prononçait n'en était pas moins claire et nous donnait nettement tort : « Le fait est... » Nous n'insistions pas, de peur de nous en faire infliger une, bien plus grave : « C'est quelque chose !... » De sorte qu'en somme nous ne pouvions plus avoir d'eau chaude parce que Françoise était devenue l'amie de celui qui la faisait chauffer.*

**Les trois arbres**
*Je regardais les trois arbres, je les voyais bien, mais mon esprit sentait qu'ils recouvraient quelque chose sur quoi il n'avait pas prise, comme sur ces objets placés trop loin dont nos doigts allongés au bout de notre bras tendu, effleurent seulement par instant l'enveloppe sans arriver à rien saisir. Alors on se repose un moment pour jeter le bras en avant d'un élan plus fort et tâcher d'atteindre plus loin. Mais pour que mon esprit pût ainsi se rassembler, prendre son élan, il m'eût fallu être seul. Que j'aurais voulu pouvoir m'écarter comme je faisais dans les promenades du côté de Guermantes quand je m'isolais de mes parents. Il me semblait même que j'aurais dû le faire. Je reconnaissais ce genre de plaisir qui requiert, il est vrai, un certain travail de la pensée sur elle-même, mais à côté duquel les agréments de la nonchalance qui vous fait renoncer à lui, semblent bien médiocres. Ce plaisir, dont l'objet n'était que pressenti, que j'avais à créer moi-même, je ne l'éprouvais que de rares fois, mais à chacune d'elles il me semblait que les choses qui s'étaient passées dans l'intervalle n'avaient guère d'importance et qu'en m'attachant à la seule réalité je pourrais commencer enfin une vraie vie. Je mis un instant ma main devant mes yeux pour pouvoir les fermer sans que Mme de Villeparisis s'en aperçût. Je restai sans penser à rien, puis de ma pensée ramassée, ressaisie avec plus de force, je bondis*

*plus avant dans la direction des arbres, ou plutôt dans cette direction intérieure au bout de laquelle je les voyais en moi-même. Je sentis de nouveau derrière eux le même objet connu mais vague et que je pus ramener à moi. Cependant tous trois au fur et à mesure que la voiture avançait, je les voyais s'approcher. Où les avais-je déjà regardés ? Il n'y avait aucun lieu autour de Combray, où une allée s'ouvrit ainsi. Le site qu'ils me rappelaient il n'y avait pas de place pour lui davantage dans la campagne allemande où j'étais allé une année avec ma grand'mère prendre les eaux. Fallait-il croire qu'ils venaient d'années déjà si lointaines de ma vie que le paysage qui les entourait avait été entièrement aboli dans ma mémoire et que, comme ces pages qu'on est tout d'un coup ému de retrouver dans un ouvrage qu'on s'imaginait n'avoir jamais lu, ils surnageaient seuls du livre oublié de ma première enfance. N'appartenaient-ils au contraire qu'à ces paysages du rêve, toujours les mêmes, du moins pour moi chez qui leur aspect étrange n'était que l'objectivation dans mon sommeil de l'effort que je faisais pendant la veille soit pour atteindre le mystère dans un lieu derrière l'apparence duquel je pressentais, comme cela m'était arrivé si souvent du côté de Guermantes, soit pour essayer de le réintroduire dans un lieu que j'avais désiré connaître et qui du jour où je l'avais connu n'avait paru tout superficiel, comme Balbec ? N'étaient-ils qu'une image toute nouvelle détachée d'un rêve de la nuit précédente mais déjà si effacée qu'elle me semblait venir de beaucoup plus loin ? Ou bien ne les avais-je jamais vus et cachaient-ils derrière eux comme tels arbres, telle touffe d'herbes que*

*j'avais vus du côté de Guermantes un sens aussi obscur, aussi difficile à saisir qu'un passé lointain de sorte que, sollicité par eux d'approfondir une pensée, je croyais avoir à reconnaître un souvenir. Ou encore ne cachaient-ils même pas de pensées et était-ce une fatigue de ma vision qui me les faisait voir doubles dans le temps comme on voit quelquefois double dans l'espace ? Je ne savais. Cependant ils venaient vers moi ; peut-être apparition mythique, ronde de sorcières ou de nones qui me proposait ses oracles. Je crus plutôt que c'étaient des fantômes du passé, de chers compagnons de mon enfance, des amis disparus qui invoquaient nos communs souvenirs. Comme des ombres ils semblaient me demander de les emmener avec moi, de les rendre à la vie.*
*Dans leur gesticulation naïve et passionnée, je reconnaissais le regret impuissant d'un être aimé qui a perdu l'usage de la parole, sent qu'il ne pourra nous dire ce qu'il veut et que nous ne savons pas deviner. Bientôt à un croisement de routes, la voiture les abandonna. Elle m'entraînait loin de ce que je croyais seul vrai, de ce qui m'eût rendu vraiment heureux, elle ressemblait à ma vie.*

### Le retour de promenade
*Nous apercevions déjà l'hôtel, ses lumières si hostiles le premier soir, à l'arrivée, maintenant protectrices et douces, annonciatrices du foyer. Et quand la voiture arrivait près de la porte, le concierge, les grooms, le lift, empressés, naïfs, vaguement inquiets, de notre retard, massés sur les degrés à nous attendre, étaient devenus familiers, de ces êtres qui changent tant de fois au cours de notre vie, comme nous changeons*

*nous-mêmes, mais dans lesquels au moment où ils sont pour un temps le miroir de nos habitudes, nous trouvons de la douceur à nous sentir fidèlement et amicalement reflétés. Nous les préférons à des amis que nous n'avons pas vus depuis longtemps, car ils contiennent davantage de ce que nous sommes actuellement. Seul « le chasseur » exposé au soleil dans la journée avait été rentré pour ne pas supporter la rigueur du soir, et emmailloté de lainages, lesquels joints à l'éplorement orangé de sa chevelure, et à la fleur curieusement rose de ses joues, faisaient au milieu du hall vitré, penser à une plante de serre qu'on protège contre le froid. Nous descendions de voiture, aidés par beaucoup plus de serviteurs qu'il n'était nécessaire, mais ils sentaient l'importance de la scène et se croyaient obligés d'y jouer un rôle. J'étais affamé. Aussi souvent pour ne pas retarder le moment de dîner, je ne remontais pas dans la chambre qui avait fini par devenir si réellement mienne que revoir les grands rideaux violets et les bibliothèques basses, c'était me retrouver seul avec ce moi-même dont les choses, comme les gens, m'offraient l'image, et nous attendions tous ensemble dans le hall que le maître d'hôtel vînt nous dire que nous étions servis. C'était encore l'occasion pour nous d'écouter Mme de Villeparisis.*

## La venue de Saint-Loup-en-Bray
*Une après-midi de grande chaleur j'étais dans la salle à manger de l'hôtel qu'on avait laissée à demi dans l'obscurité pour la protéger du soleil en tirant des rideaux qu'il jaunissait et qui par leurs interstices*

*laissaient clignoter le bleu de la mer, quand, dans la travée centrale qui allait de la plage à la route, je vis, grand, mince, le cou dégagé, la tête haute et fièrement portée, passer un jeune homme aux yeux pénétrants et dont la peau était aussi blonde et les cheveux aussi dorés que s'ils avaient absorbé tous les rayons du soleil. Vêtu d'une étoffe souple et blanchâtre comme je n'aurais jamais cru qu'un homme eût osé en porter, et dont la minceur n'évoquait pas moins que le frais de la salle à manger, la chaleur et le beau temps du dehors, il marchait vite. Ses yeux, de l'un desquels tombait à tout moment un monocle, étaient de la couleur de la mer. Chacun le regarda curieusement passer, on savait que ce jeune marquis de Saint-Loup-en-Bray était célèbre pour son élégance. Tous les journaux avaient décrit le costume dans lequel il avait récemment servi de témoin au jeune duc d'Uzès, dans un duel. Il semblait que la qualité si particulière de ses cheveux, de ses yeux, de sa peau, de sa tournure qui l'eussent distingué au milieu d'une foule comme un filon précieux d'opale azurée et lumineuse, engaîné dans une matière grossière, devait correspondre à une vie différente de celle des autres hommes. Et en conséquence quand avant la liaison dont Mme de Villeparisis se plaignait, les plus jolies femmes du grand monde se l'étaient disputé, sa présence, dans une plage par exemple, à côté de la beauté en renom à laquelle il faisait la cour, ne la mettait pas seulement tout à fait en vedette, mais attirait les regards autant sur lui que sur elle. A cause de son « chic », de son impertinence de jeune «lion», à cause de son extraordinaire beauté surtout, certains lui trouvaient même un air efféminé, mais sans le lui reprocher car on savait combien il était viril et qu'il aimait passionnément les femmes. C'était ce neveu de Mme de Villeparisis duquel elle nous avait parlé. Je fus ravi de penser que j'allais le connaître pendant quelques semaines et sûr qu'il me donnerait toute son affection. Il traversa rapidement l'hôtel dans toute sa largeur, semblant poursuivre son monocle qui voltigeait devant lui comme un papillon. Il venait de la plage, et la mer qui remplissait jusqu'à mi-hauteur le vitrage du hall lui faisait un fond sur lequel il se détachait en pied, comme dans certains portraits où des peintres prétendent sans tricher en rien sur l'observation la plus exacte de la vie actuelle, mais en choisissant pour leur modèle un cadre approprié, pelouse de polo, de golf, champ de courses, pont de yacht, donner un équivalent moderne de ces toiles où les primitifs faisaient apparaître la figure humaine au premier plan d'un paysage. Une voiture à deux chevaux l'attendait devant la porte ; et tandis que son monocle reprenait ses ébats sur la route ensoleillée, avec l'élégance et la maîtrise qu'un grand pianiste trouve le moyen de montrer dans le trait le plus simple, où il ne semblait pas possible qu'il sût se montrer supérieur à un exécutant de deuxième ordre, le neveu de Mme de Villeparisis prenant les guides que lui passa le cocher, s'assit à côté de lui et tout en décachetant une lettre que le directeur de l'hôtel lui remit, fit partir les bêtes.*

## La photographie de la grand-mère
Sentant sa fin approcher, la grand-mère de Marcel veut lui laisser en souvenir son portrait photographique, mais de cela il ne sera conscient que bien plus

tard, ce qui donne lieu à une douloureuse méprise de sa part.

*Quand quelques jours après le dîner chez les Bloch ma grand'mère me dit d'un air joyeux que Saint-Loup venait de lui demander si avant qu'il quittât Balbec elle ne voulait pas qu'il la photographiât, et quand je vis qu'elle avait mis pour cela sa plus belle toilette et hésitait entre diverses coiffures, je me sentis un peu irrité de cet enfantillage qui m'étonnait tellement de sa part. J'en arrivais même à me demander si je ne m'étais pas trompé sur ma grand'mère, si je ne la plaçais pas trop haut, si elle était aussi détachée que j'avais toujours cru de ce qui concernait sa personne, si elle n'avait pas ce que je croyais lui être le plus étranger, de la coquetterie. Malheureusement, ce mécontentement que me causaient le projet de séance photographique et surtout la satisfaction que ma grand'mère paraissait en ressentir, je le laissai suffisamment apercevoir pour que Françoise le remarquât et s'empressât involontairement de l'accroître en me tenant un discours sentimental et attendri auquel je ne voulus pas avoir l'air d'adhérer.*
*— « Oh! monsieur, cette pauvre madame qui sera si heureuse qu'on tire son portrait, et qu'elle va même mettre le chapeau que sa vieille Françoise, elle lui a arrangé, il faut la laisser faire, monsieur. »*
*Je me convainquis que je n'étais pas cruel de me moquer de la sensibilité de Françoise, en me rappelant que ma mère et ma grand'mère mes modèles en tout, le faisaient souvent aussi. Mais ma grand'mère s'apercevant que j'avais l'air ennuyé, me dit que si cette séance de pose pouvait me contrarier elle y re-*

*noncerait. Je ne le voulus pas, je l'assurai que je n'y voyais aucun inconvénient et la laissai se faire belle, mais crus faire preuve de pénétration et de force en lui disant quelques paroles ironiques et blessantes destinées à neutraliser le plaisir qu'elle semblait trouver à être photographiée, de sorte que si je fus contraint de voir le magnifique chapeau de ma grand'mère, je réussis du moins à faire disparaître de son visage cette expression joyeuse qui aurait dû me rendre heureux et qui, comme il arrive trop souvent tant que sont encore en vie les êtres que nous aimons le mieux, nous apparaît comme la manifestation exaspérante d'un travers mesquin plutôt que comme la forme précieuse du bonheur que nous voudrions tant leur procurer. Ma mauvaise humeur venait surtout de ce que cette semaine là ma grand'mère avait paru me fuir et que je n'avais pu l'avoir un instant à moi, pas plus le jour que le soir. Quand je rentrais dans l'après-midi pour être un peu seul avec elle, on me disait qu'elle n'était pas là ; ou bien elle s'enfermait avec Françoise pour de longs conciliabules qu'il ne m'était pas permis de troubler. Et quand ayant passé la soirée dehors avec Saint-Loup je songeais pendant le trajet du retour au moment où j'allais pouvoir retrouver et embrasser ma grand'mère, j'avais beau attendre qu'elle frappât contre la cloison ces petits coups qui me diraient d'entrer lui dire bonsoir, je n'entendais rien; je finissais par me coucher, lui en voulant un peu de ce qu'elle me privât, avec une indifférence si nouvelle de sa part, d'une joie sur laquelle j'avais tant compté, je restais encore, le cœur palpitant comme dans mon enfance, à écouter le mur qui restait muet et je m'endormais dans les larmes.*

**Les jeunes filles en fleurs**
*Au milieu de tous ces gens dont quelques-uns poursuivaient une pensée, mais en trahissaient alors la mobilité par une saccade de gestes, une divagation de regards, aussi peu harmonieuses que la circonspecte titubation de leurs voisins, les fillettes que j'avais aperçues, avec la maîtrise de gestes que donne un parfait assouplissement de son propre corps et un mépris sincère du reste de l'humanité, venaient droit devant elles, sans hésitation ni raideur, exécutant exactement les mouvements qu'elles voulaient, dans une pleine indépendance de chacun de leurs membres par rapport aux autres, la plus grande partie de leur corps gardant cette immobilité si remarquable chez les bonnes valseuses.*
*Elles n'étaient plus loin de moi. Quoique chacune fût d'un type absolument différent des autres, elles avaient toutes de la beauté ; mais, à vrai dire, je les voyais depuis si peu d'instants et sans oser les regarder fixement que je n'avais encore individualisé aucune d'elles. Sauf une, que son nez droit, sa peau brune mettait en contraste au milieu des autres comme dans quelque tableau de la Renaissance, un roi Mage de type arabe, elles ne m'étaient connues, l'une que par une paire d'yeux durs, butés et rieurs; une autre que par des joues où le rose avait cette teinte cuivrée qui évoque l'idée de géranium; et même ces traits je n'avais encore indissolublement attaché aucun d'entre eux à l'une des jeunes filles plutôt qu'à l'autre ; et quand (selon l'ordre dans lequel se déroulait cet ensemble merveilleux parce qu'y voisinaient*

*les aspects les plus différents, que toutes les gammes de couleurs y étaient rapprochées, mais qui était confus comme une musique où je n'aurais pas su isoler et reconnaître au moment de leur passage les phrases, distinguées mais oubliées aussitôt après), je voyais émerger un ovale blanc, des yeux noirs, des yeux verts, je ne savais pas si c'était les mêmes qui m'avaient déjà apporté du charme tout à l'heure, je ne pouvais pas les rapporter à telle jeune fille que j'eusse séparée des autres et reconnue. Et cette absence, dans ma vision, des démarcations que j'établirais bientôt entre elles, propageait à travers leur groupe un flottement harmonieux, la translation continue d'une beauté fluide, collective et mobile.*
*Ce n'était peut-être pas, dans la vie, le hasard seul qui, pour réunir ces amies les avait toutes choisies si belles ; peut-être ces filles (dont l'attitude suffisait à révéler la nature hardie, frivole et dure), extrêmement sensibles à tout ridicule et à toute laideur, incapables de subir un attrait d'ordre intellectuel ou moral, s'étaient-elles naturellement trouvées, parmi les camarades de leur âge, éprouver de la répulsion pour toutes celles chez qui des dispositions pensives ou sensibles se trahissaient par de la timidité, de la gêne, de la gaucherie, par ce qu'elles devaient appeler « un genre antipathique », et les avaient-elles tenues à l'écart; tandis qu'elles s'étaient liées au contraire avec d'autres vers qui les attiraient un certain mélange de grâce, de souplesse et d'élégance physique, seule forme sous laquelle elles pussent se représenter la franchise d'un caractère séduisant et la promesse de bonnes heures à passer ensemble.*
*Peut-être aussi la classe à laquelle elles apparte-*

*naient et que je n'aurais pu préciser, était-elle à ce point de son évolution où, soit grâce à l'enrichissement et au loisir, soit grâce aux habitudes nouvelles de sport, répandues même dans certains milieux populaires, et d'une culture physique à laquelle ne s'est pas encore ajoutée celle de l'intelligence, un milieu social pareil aux écoles de sculpture harmonieuses et fécondes qui ne recherchent pas encore l'expression tourmentée – produit naturellement, et en abondance, de beaux corps aux belles jambes, aux belles hanches, aux visages sains et reposés, avec un air d'agilité et de ruse. Et n'étaient-ce pas de nobles et calmes modèles de beauté humaine que je voyais là, devant la mer, comme des statues exposées au soleil sur un rivage de la Grèce?*
*Telles que si, du sein de leur bande qui progressait le long de la digue comme une lumineuse comète, elles eussent jugé que la foule environnante était composée d'êtres d'une autre race et dont la souffrance même n'eût pu éveiller en elles un sentiment de solidarité, elles ne paraissaient pas la voir, forçaient les personnes arrêtées à s'écarter ainsi que sur le passage d'une machine qui eût été lâchée et dont il ne fallait pas attendre qu'elle évitât les piétons, et se contentaient tout au plus si quelque vieux monsieur dont elles n'admettaient pas l'existence et dont elles repoussaient le contact s'était enfui avec des mouvements craintifs ou furieux, précipités ou risibles, de se regarder entre elles en riant. Elles n'avaient à l'égard de ce qui n'était pas de leur groupe aucune affectation de mépris, leur mépris sincère suffisait. Mais elles ne pouvaient voir un obstacle sans s'amuser à le*

*franchir en prenant leur élan ou à pieds joints, parce qu'elles étaient toutes remplies, exubérantes, de cette jeunesse qu'on a si grand besoin de dépenser même quand on est triste ou souffrant, obéissant plus aux nécessités de l'âge qu'à l'humeur de la journée, on ne laisse jamais passer une occasion de saut ou de glissade sans s'y livrer consciencieusement, interrompant, semant, sa marche lente – comme Chopin la phrase la plus mélancolique – de gracieux détours où le caprice se mêle à la virtuosité. La femme d'un vieux banquier, après avoir hésité pour son mari entre diverses expositions, l'avait assis, sur un pliant, face à la digue, abrité du vent et du soleil par le kiosque des musiciens. Le voyant bien installé, elle venait de le quitter pour aller lui acheter un journal qu'elle lui lirait et qui le distrairait, petites absences pendant lesquelles elle le laissait seul et qu'elle ne prolongeait jamais au delà de cinq minutes, ce qui lui semblait bien long, mais qu'elle renouvelait assez fréquemment pour que le vieil époux à qui elle prodiguait à la fois et dissimulait ses soins eût l'impression qu'il était encore en état de vivre comme tout le monde et n'avait nul besoin de protection. La tribune des musiciens formait au-dessus de lui un tremplin naturel et tentant sur lequel sans une hésitation l'aînée de la petite bande se mit à courir: elle sauta par-dessus le vieillard épouvanté, dont la casquette marine fut effleurée par les pieds agiles, au grand amusement des autres jeunes filles, surtout de deux yeux verts dans une figure poupine qui exprimèrent pour cet acte une admiration et une gaieté où je crus discerner un peu de timidité, d'une timidité honteuse et fanfaronne, qui n'existait pas chez les autres. « C'pauvre vieux, i* *m'fait d'la peine, il a l'air à moitié crevé »*, dit l'une de ces filles d'une voix rogommeuse et avec un accent à demi-ironique. Elles firent quelques pas encore, puis s'arrêtèrent un moment au milieu du chemin sans s'occuper d'arrêter la circulation des passants, en un conciliabule, un agrégat de forme irrégulière, compact, insolite et piaillant, comme des oiseaux qui s'assemblent au moment de s'envoler; puis elles reprirent leur lente promenade le long de la digue, au-dessus de la mer.*

**Les tableaux d'Elstir**
Leur contemplation en présence de l'artiste sera pour le narrateur le début de sa compréhension de l'art.

*C'est par exemple à une métaphore de ce genre – dans un tableau, représentant le port de Carquethuit, tableau qu'il avait terminé depuis peu de jours et que je regardai longuement – qu'Elstir avait préparé l'esprit du spectateur en n'employant pour la petite ville que des termes marins, et que des termes urbains pour la mer. Soit que les maisons cachassent une partie du port, un bassin de calfatage ou peut-être la mer même s'enfonçant en golfe dans les terres ainsi que cela arrivait constamment dans ce pays de Balbec, de l'autre côté de la pointe avancée où était construite la ville, les toits étaient dépassés (comme ils l'eussent été par des cheminées ou par des clochers) par des mâts lesquels avaient l'air de faire des vaisseaux auxquels ils appartenaient, quelque chose de citadin, de construit sur terre, impression qu'augmentaient d'autres bateaux, demeurés le long de la jetée, mais en rangs si pressés que les hommes y causaient d'un bâtiment à l'autre sans qu'on pût distinguer leur séparation et l'interstice de l'eau, et ainsi cette flottille de pêche avait moins l'air d'appartenir à la mer que, par exemple, les églises de Criquebec qui, au loin, entourées d'eau de tous côtés parce qu'on les voyait sans la ville, dans un poudroiement de soleil et de vagues, semblaient sortir des eaux, soufflées en albâtre ou en écume et, enfermées dans la ceinture d'un arc-en-ciel versicolore, former un tableau irréel et mystique. Dans le premier plan de la plage, le peintre avait su habituer les yeux à ne pas reconnaître de frontière fixe, de démarcation absolue, entre la terre et l'océan. Des hommes qui poussaient des bateaux à la mer, couraient aussi bien dans les flots que sur le sable, lequel mouillé, réfléchissait déjà les coques comme s'il avait été de l'eau. La mer elle-même ne montait pas régulièrement, mais suivait les accidents de la grève, que la perspective déchiquetait encore davantage, si bien qu'un navire en pleine mer, à demi caché par les ouvrages avancés de l'arsenal semblait voguer au milieu de la ville; des femmes qui ramassaient des crevettes dans les rochers, avaient l'air, parce qu'elles étaient entourées d'eau et à cause de la dépression qui, après la barrière circulaire des roches, abaissait la plage (des deux côtés les plus rapprochés de terre) au niveau de la mer, d'être dans une grotte marine surplombée de barques et de vagues, ouverte et protégée au milieu des flots écartés miraculeusement. Si tout le tableau donnait cette impression des ports où la mer entre dans la terre, où la terre est déjà marine, et la population amphibie, la force de l'élément marin éclatait partout; et près des rochers, à l'entrée de la jetée, où la mer était agitée,* on sentait aux efforts des matelots et à l'obliquité des barques couchées en angle aigu devant la calme verticalité de l'entrepôt, de l'église, des maisons de la ville, où les uns rentraient, d'où les autres partaient pour la pêche, qu'ils trottaient rudement sur l'eau comme sur un animal fougueux et rapide dont les soubresauts, sans leur adresse, les eût jetés à terre. Une bande de promeneurs sortait gaiement en une barque secouée comme une carriole ; un matelot joyeux, mais attentif aussi la gouvernait comme avec des guides, menait la voile fougueuse, chacun se tenait bien à sa place pour ne pas faire trop de poids d'un côté et ne pas verser, et on courait ainsi par les champs ensoleillés dans les sites ombreux, dégringolant les pentes. C'était une belle matinée malgré l'orage qu'il avait fait. Et même on sentait encore les puissantes actions qu'avait à neutraliser le bel équilibre des barques immobiles, jouissant du soleil et de la fraîcheur, dans les parties où la mer était si calme que les reflets avaient presque plus de solidité et de réalité que les coques vaporisées par un effet de soleil et que la perspective faisait s'enjamber les unes les autres. Ou plutôt on n'aurait pas dit d'autres parties de la mer. Car entre ces parties, il y avait autant de différence qu'entre l'une d'elles et l'église sortant des eaux, et les bateaux derrière la ville. L'intelligence faisait ensuite un même élément de ce qui était, ici noir dans un effet d'orage, plus loin tout d'une couleur avec le ciel et aussi verni que lui, et là si blanc de soleil, de brume et d'écume, si compact, si terrien, si circonvenu de maisons, qu'on pensait à quelque chaussée de pierres ou à un champ de neige, sur lequel on était effrayé de voir un navire s'élever en *pente raide et à sec comme une voiture qui s'ébroue en sortant d'un gué, mais qu'au bout d'un moment, en y voyant sur l'étendue haute et inégale du plateau solide, des bateaux titubants, on comprenait, identique en tous ces aspects divers, être encore la mer.*

**La loge au théâtre**
*Comme une grande déesse qui préside de loin aux jeux des divinités inférieures, la princesse était restée volontairement un peu au fond sur un canapé latéral, rouge comme un rocher de corail, à côté d'une large réverbération vitreuse qui était probablement une glace et faisait penser à quelque section qu'un rayon aurait pratiquée, perpendiculaire, obscure et liquide, dans le cristal ébloui des eaux. À la fois plume et corolle, ainsi que certaines floraisons marines, une grande fleur blanche, duvetée comme une aile, descendait du front de la princesse le long d'une de ses joues dont elle suivait l'inflexion avec une souplesse coquette, amoureuse et vivante, et semblait l'enfermer à demi comme un œuf rose dans la douceur d'un nid d'alcyon. Sur la chevelure de la princesse, et s'abaissant jusqu'à ses sourcils, puis reprise plus bas à la hauteur de sa gorge, s'étendait une résille faite de ces coquillages blancs qu'on pêche dans certaines mers australes et qui étaient mêlés à des perles, mosaïque marine à peine sortie des vagues qui par moment se trouvait plongée dans l'ombre au fond de laquelle, même alors, une présence humaine était révélée par la motilité éclatante des yeux de la princesse. La beauté qui mettait celle-ci bien au-dessus des autres filles fabuleuses de la pénombre n'était pas tout entière matériellement et inclusivement inscrite dans*

*sa nuque, dans ses épaules, dans ses bras, dans sa taille. Mais la ligne délicieuse et inachevée de celle-ci était l'exact point de départ, l'amorce inévitable de lignes invisibles en lesquelles l'œil ne pouvait s'empêcher de les prolonger, merveilleuses, engendrées autour de la femme comme le spectre d'une figure idéale projetée sur les ténèbres.*
*– C'est la princesse de Guermantes, dit ma voisine au monsieur qui était avec elle, en ayant soin de mettre devant le mot princesse plusieurs p indiquant que cette appellation était risible. Elle n'a pas économisé ses perles. Il me semble que si j'en avais autant, je n'en ferais pas un pareil étalage ; je ne trouve pas que cela ait l'air comme il faut.*
*Et cependant, en reconnaissant la princesse, tous ceux qui cherchaient à savoir qui était dans la salle sentaient se relever dans leur cœur le trône légitime de la beauté. En effet, pour la duchesse de Luxembourg, pour Mme de Morienval, pour Mme de Saint-Euverte, pour tant d'autres, ce qui permettait d'identifier leur visage, c'était la connexité d'un gros nez rouge avec un de Guermantes, qui n'amenait au théâtre que des personnes qui le reste du temps faisaient partie de son intimité, était, aux yeux des amateurs d'aristocratie, le meilleur certificat d'authenticité du tableau que présentait sa baignoire, sorte d'évocation d'une scène de la vie familière et spéciale de la princesse dans ses palais de Munich et de Paris. bec de lièvre, ou de deux joues ridées avec une fine moustache. Ces traits étaient d'ailleurs suffisants pour charmer, puisque, n'ayant que la valeur conventionnelle d'une écriture, ils donnaient à lire un nom célèbre et qui imposait ; mais aussi, ils finis-*

saient par donner l'idée que la laideur a quelque chose d'aristocratique, et qu'il est indifférent que le visage d'une grande dame, s'il est distingué, soit beau. Mais comme certains artistes qui, au lieu des lettres de leur nom, mettent au bas de leur toile une forme belle par elle-même, un papillon, un lézard, une fleur, de même c'était la forme d'un corps et d'un visage délicieux que la princesse apposait à l'angle de sa loge, montrant par là que la beauté peut être la plus noble des signatures ; car la présence de Mme de Guermantes, qui n'amenait au théâtre que des personnes qui le reste du temps faisaient partie de son intimité, était, aux yeux des amateurs d'aristocratie, le meilleur certificat d'authenticité du tableau que présentait sa baignoire, sorte d'évocation d'une scène de la vie familière et spéciale de la princesse dans ses palais de Munich et de Paris.*

**Entre rêve et sommeil**
*Ce qu'on aurait fait le jour, il arrive en effet, le sommeil venant, qu'on ne l'accomplisse qu'en rêve, c'est-à-dire après l'inflexion de l'ensommeillement, en suivant une autre voie qu'on n'eût fait éveillé. La même histoire tourne et a une autre fin. Malgré tout, le monde dans lequel on vit pendant le sommeil est tellement différent, que ceux qui ont de la peine à s'endormir cherchent avant tout à sortir du nôtre. Après avoir désespérément, pendant des heures, les yeux clos, roulé des pensées pareilles à celles qu'ils auraient eues les yeux ouverts, ils reprennent courage s'ils s'aperçoivent que la minute précédente a été toute alourdie d'un raisonnement en contradiction for-*

melle avec les lois de la logique et l'évidence du présent, cette courte « absence » signifiant que la porte est ouverte par laquelle ils pourront peut-être s'échapper tout à l'heure de la perception du réel, aller faire une halte plus ou moins loin de lui, ce qui leur donnera un plus ou moins « bon » sommeil. Mais un grand pas est déjà fait quand on tourne le dos au réel, quand on atteint les premiers antres où les « autosuggestions » préparent comme des sorcières l'infernal fricot des maladies imaginaires ou de la recrudescence des maladies nerveuses, et guettent l'heure où les crises remontées pendant le sommeil inconscient se déclancheront assez fortes pour le faire spectacles auxquels il m'empêchait, mais auxquels j'avais l'illusion d'assister.
Ce qu'on aurait fait le jour, il arrive en effet, le sommeil venant, qu'on ne l'accomplisse qu'en rêve, c'est-à-dire après l'inflexion de l'ensommeillement, en suivant une autre voie qu'on n'eût fait éveillé. La même histoire tourne et a une autre fin. Malgré tout, le monde dans lequel on vit pendant le sommeil est tellement différent, que ceux qui ont de la peine à s'endormir cherchent avant tout à sortir du nôtre. Après avoir désespérément, pendant des heures, les yeux clos, roulé des pensées pareilles à celles qu'ils auraient eues les yeux ouverts, ils reprennent courage s'ils s'aperçoivent que la minute précédente a été toute alourdie d'un raisonnement en contradiction formelle avec les lois de la logique et l'évidence du présent, cette courte « absence » signifiant que la porte est ouverte par laquelle ils pourront peut-être s'échapper tout à l'heure de la perception du réel, aller faire une halte plus ou moins loin de lui, ce qui

*leur donnera un plus ou moins « bon » sommeil. Mais un grand pas est déjà fait quand on tourne le dos au réel, quand on atteint les premiers antres où les « autosuggestions » préparent comme des sorcières l'infernal fricot des maladies imaginaires ou de la recrudescence des maladies nerveuses, et guettent l'heure où les crises remontées pendant le sommeil inconscient se déclancheront assez fortes pour le faire cesser.*
*Non loin de là est le jardin réservé où croissent comme des fleurs inconnues les sommeils si différents les uns des autres, sommeil du datura, du chanvre indien, des multiples extraits de l'éther, sommeil de la belladone, de l'opium, de la valériane, fleurs qui restent closes jusqu'au jour où l'inconnu prédestiné viendra les toucher, les épanouir, et pour de longues heures dégager l'arôme de leurs rêves particuliers en un être émerveillé et surpris. Au fond du jardin est le couvent aux fenêtres ouvertes où l'on entend répéter les leçons apprises avant de s'endormir et qu'on ne saura qu'au réveil ; tandis que, présage de celui-ci, fait résonner son tic tac ce réveille-matin intérieur que notre préoccupation a réglé si bien que, quand notre ménagère viendra nous dire : il est sept heures, elle nous trouvera déjà prêt. Aux parois obscures de cette chambre qui s'ouvre sur les rêves, et où travaille sans cesse cet oubli des chagrins amoureux duquel est parfois interrompue et défaite par un cauchemar plein de réminiscences la tâche vite recommencée, pendent, même après qu'on est réveillé, les souvenirs des songes, mais si enténébrés que souvent nous ne les apercevons pour la première fois qu'en pleine après-midi quand le rayon d'une idée similaire vient fortuitement*

*les frapper ; quelques-uns déjà, harmonieusement clairs pendant qu'on dormait, mais devenus si méconnaissables que, ne les ayant pas reconnus, nous ne pouvons que nous hâter de les rendre à la terre, ainsi que des morts trop vite décomposés ou que des objets si gravement atteints et près de la poussière que le restaurateur le plus habile ne pourrait leur rendre une forme, et rien en tirer. Près de la grille est la carrière où les sommeils profonds viennent chercher des substances qui imprègnent la tête d'enduits si durs que, pour éveiller le dormeur, sa propre volonté est obligée, même dans un matin d'or, de frapper à grands coups de hache, comme un jeune Siegfried. Au delà encore sont les cauchemars dont les médecins prétendent stupidement qu'ils fatiguent plus que l'insomnie, alors qu'ils permettent au contraire au penseur de s'évader de l'attention ; les cauchemars avec leurs albums fantaisistes, où nos parents qui sont morts viennent de subir un grave accident qui n'exclut pas une guérison prochaine. En attendant nous les tenons dans une petite cage à rats, où ils sont plus petits que des souris blanches et, couverts de gros boutons rouges, plantés chacun d'une plume, nous tiennent des discours cicéroniens. À côté de cet album est le disque tournant du réveil grâce auquel nous subissons un instant l'ennui d'avoir à rentrer tout à l'heure dans une maison qui est détruite depuis cinquante ans, et dont l'image est effacée, au fur et à mesure que le sommeil s'éloigne, par plusieurs autres, avant que nous arrivions à celle qui ne se présente qu'une fois le disque arrêté et qui coïncide avec celle que nous verrons avec nos yeux ouverts.*

*Quelquefois je n'avais rien entendu, étant dans un de ces sommeils où l'on tombe comme dans un trou duquel on est tout heureux d'être tiré un peu plus tard, lourd, surnourri, digérant tout ce que nous ont apporté, pareilles aux nymphes qui nourrissaient Hercule, ces agiles puissances végétatives, à l'activité redoublée pendant que nous dormons.*

*On appelle cela un sommeil de plomb ; il semble qu'on soit devenu soi-même, pendant quelques instants après qu'un tel sommeil a cessé, un simple bonhomme de plomb. On n'est plus personne. Comment, alors, cherchant sa pensée, sa personnalité comme on cherche un objet perdu, finit-on par retrouver son propre moi plutôt que tout autre ? Pourquoi, quand on se remet à penser, n'est-ce pas alors une autre personnalité que l'antérieure qui s'incarne en nous ? On ne voit pas ce qui dicte le choix et pourquoi, entre les millions d'êtres humains qu'on pourrait être, c'est sur celui qu'on était la veille qu'on met juste la main. Qu'est-ce qui nous guide, quand il y a eu vraiment interruption (soit que le sommeil ait été complet, ou les rêves, entièrement différents de nous) ? Il y a eu vraiment mort, comme quand le cœur a cessé de battre et que des tractions rythmées de la langue nous raniment. Sans doute la chambre, ne l'eussions-nous vue qu'une fois, éveille-t-elle des souvenirs auxquels de plus anciens sont suspendus. Ou quelques-uns dormaient-ils en nous-mêmes, dont nous prenons conscience ? La résurrection au réveil – après ce bienfaisant accès d'aliénation mentale qu'est le sommeil – doit ressembler au fond à ce qui se passe quand on retrouve un nom, un vers, un refrain ou-*

bliés. Et peut-être la résurrection de l'âme après la mort est-elle concevable comme un phénomène de mémoire.

*Quand j'avais fini de dormir, attiré par le ciel ensoleillé, mais retenu par la*
*fraîcheur de ces derniers matins si lumineux et si froids où commence l'hiver, pour regarder les arbres où les feuilles n'étaient plus indiquées que par une ou deux touches d'or ou de rose qui semblaient être restées en l'air, dans une trame invisible, je levais la tête et tendais le cou tout en gardant le corps à demi caché dans mes couvertures ; comme une chrysalide en voie de métamorphose, j'étais une créature double aux diverses parties de laquelle ne convenait pas le même milieu ; à mon regard suffisait de la couleur, sans chaleur ; ma poitrine par contre se souciait de chaleur et non de couleur. Je ne me levais que quand mon feu était allumé et je regardais le tableau si transparent et si doux de la matinée mauve et dorée à laquelle je venais d'ajouter artificiellement les parties de chaleur qui lui manquaient, tisonnant mon feu qui brûlait et fumait comme une bonne pipe et qui me donnait comme elle eût fait un plaisir à la fois grossier parce qu'il reposait sur un bien-être matériel et délicat parce que derrière lui s'estompait une pure vision. Mon cabinet de toilette était tendu d'un papier à fond d'un rouge violent que parsemaient des fleurs noires et blanches, auxquelles il semble que j'aurais dû avoir quelque peine à m'habituer. Mais elles ne firent que me paraître nouvelles, que me forcer à entrer non en conflit mais en contact avec elles, que modifier la gaieté et les chants de mon lever, elles ne*

*firent que me mettre de force au cœur d'une sorte de coquelicot pour regarder le monde, que je voyais tout autre qu'à Paris, de ce gai paravent qu'était cette maison nouvelle, autrement orientée que celle de mes parents et où affluait un air pur. Certains jours, j'étais agité par l'envie de revoir ma grand'mère ou par la peur qu'elle ne fût souffrante ; ou bien c'était le souvenir de quelque affaire laissée en train à Paris, et qui ne marchait pas : parfois aussi quelque difficulté dans laquelle, même ici, j'avais trouvé le moyen de me jeter. L'un ou l'autre de ces soucis m'avait empêché de dormir, et j'étais sans force contre ma tristesse, qui en un instant remplissait pour moi toute l'existence. Alors, de l'hôtel, j'envoyais quelqu'un au quartier, avec un mot pour Saint-Loup : je lui disais que si cela lui était matériellement possible – je savais que c'était très difficile – il fût assez bon pour passer un instant. Au bout d'une heure il arrivait ; et en entendant son coup de sonnette je me sentais délivré de mes préoccupations. Je savais, que si elles étaient plus fortes que moi, il était plus fort qu'elles, et mon attention se détachait d'elles et se tournait vers lui qui avait à décider. Il venait d'entrer ; et déjà il avait mis autour de moi le plein air où il déployait tant d'activité depuis le matin, milieu vital fort différent de ma chambre et auquel je m'adaptais immédiatement par des réactions appropriées.*

## Le téléphone
Il est intéressant de se souvenir que Proust connu cet appareil au début de son apparition dans la société.

*Un matin, Saint-Loup m'avoua, qu'il avait écrit à ma*

*grand'mère pour lui donner de mes nouvelles et lui suggérer l'idée, puisque un service téléphonique fonctionnait entre Doncières et Paris, de causer avec moi. Bref, le même jour, elle devait me faire appeler à l'appareil et il me conseilla d'être vers quatre heures moins un quart à la poste. Le téléphone n'était pas encore à cette époque d'un usage aussi courant qu'aujourd'hui. Et pourtant l'habitude met si peu de temps à dépouiller de leur mystère les forces sacrées avec lesquelles nous sommes en contact que, n'ayant pas eu ma communication immédiatement, la seule pensée que j'eus ce fut que c'était bien long, bien incommode, et presque l'intention d'adresser une plainte. Comme nous tous maintenant, je ne trouvais pas assez rapide à mon gré, dans ses brusques changements, l'admirable féerie à laquelle quelques instants suffisent pour qu'apparaisse près de nous, invisible mais présent, l'être à qui nous voulions parler, et qui restant à sa table, dans la ville qu'il habite (pour nôtre, par un temps qui n'est pas forcément le même, au milieu de circonstances et de préoccupations que nous ignorons et que cet être va nous dire, se trouve tout à coup transporté à des centaines de lieues (lui et toute l'ambiance où il reste plongé) près de notre oreille, au moment où notre caprice l'a ordonné. Et nous sommes comme le personnage du conte à qui une magicienne, sur le souhait qu'il en exprime, fait apparaître dans une clarté surnaturelle sa grand'mère ou sa fiancée, en train de feuilleter un livre, de verser des larmes, de cueillir des fleurs, tout près du spectateur et pourtant très loin, à l'endroit même où elle se trouve réellement. Nous n'avons, pour que ce miracle s'accomplisse, qu'à approcher*

*nos lèvres de la planchette magique et à appeler – quelquefois un peu trop longtemps, je le veux bien – les Vierges Vigilantes dont nous entendons chaque jour la voix sans jamais connaître le visage, et qui sont nos Anges gardiens dans les ténèbres vertigineuses dont elles surveillent jalousement les portes ; les Toutes-Puissantes par qui les absents surgissent à notre côté, sans qu'il soit permis de les apercevoir : les Danaïdes de l'invisible qui sans cesse vident, remplissent, se transmettent les urnes des sons ; les ironiques Furies qui, au moment que nous murmurions une confidence à une amie, avec l'espoir que personne ne nous entendait, nous crient cruellement : « J'écoute » ; les servantes toujours irritées du Mystère, les ombrageuses prêtresses de l'Invisible, les Demoiselles du téléphone !*
 *Et aussitôt que notre appel a retenti, dans la nuit pleine d'apparitions sur laquelle nos oreilles s'ouvrent seules, un bruit léger – un bruit abstrait – celui de la distance supprimée – et la voix de l'être cher s'adresse à nous.*

*C'est lui, c'est sa voix qui nous parle, qui est là. Mais comme elle est loin ! Que de fois je n'ai pu l'écouter sans angoisse, comme si devant cette impossibilité de voir, avant de longues heures de voyage, celle dont la voix était si près de mon oreille, je sentais mieux ce qu'il y a de décevant dans l'apparence du rapprochement le plus doux, et à quelle distance nous pouvons être des personnes aimées au moment où il semble que nous n'aurions qu'à étendre la main pour les retenir. Présence réelle que cette voix si proche – dans la séparation effective ! Mais anticipation aussi d'une séparation éternelle ! Bien souvent, écoutant de la sorte, sans voir celle qui me parlait de si loin, il m'a semblé que cette voix clamait des profondeurs d'où l'on ne remonte pas, et j'ai connu l'anxiété qui allait m'étreindre un jour, quand une voix reviendrait ainsi (seule et ne tenant plus à un corps que je ne devais jamais revoir) murmurer à mon oreille des paroles que j'aurais voulu embrasser au passage sur des lèvres à jamais en poussière.*

*Ce jour-là, hélas, à Doncières, le miracle n'eut pas lieu. Quand j'arrivai au bureau de poste, ma grand'mère m'avait déjà demandé ; j'entrai dans la cabine, la ligne était prise, quelqu'un causait qui ne savait pas sans doute qu'il n'y avait personne pour lui répondre car, quand j'amenai à moi le récepteur, ce morceau de bois se mit à parler comme Polichinelle ; je le fis taire, ainsi qu'au guignol, en le remettant à sa place, mais, comme Polichinelle, dès que je le ramenais près de moi, il recommençait son bavardage. Je finis, en désespoir de cause, en raccrochant définitivement le récepteur, par étouffer les convulsions de ce tronçon sonore qui jacassa jusqu'à la dernière seconde et j'allai chercher l'employé qui me dit d'attendre un instant ; puis je parlai, et après quelques instants de silence, tout d'un coup j'entendis cette voix que je croyais à tort connaître si bien, car jusque-là, chaque fois que ma grand'mère avait causé avec moi, ce qu'elle me disait, je l'avais toujours suivi sur la partition ouverte de son visage où les yeux tenaient beaucoup de place ; mais sa voix elle-même, je l'écoutais aujourd'hui pour la première fois. Et parce que cette voix m'apparaissait changée dans ses proportions dès l'instant qu'elle était un tout, et m'arrivait ainsi seule et sans l'accompagnement des traits de la figure, je découvris combien cette voix était douce ; peut-être d'ailleurs ne l'avait-elle jamais été à ce point, car ma grand'mère, me sentant loin et malheureux, croyait pouvoir s'abandonner à l'effusion d'une tendresse que, par « principes » d'éducatrice, elle contenait et cachait d'habitude. Elle était douce, mais aussi comme elle était triste, d'abord à cause de sa douceur même presque décantée, plus que peu de voix humaines ont jamais dû l'être, de toute dureté, de tout élément de résistance aux autres, de tout égoïsme ; fragile à force de délicatesse, elle semblait à tout moment prête à se briser, à expirer en un pur flot de larmes, puis l'ayant seule près de moi, vue sans le masque du visage, j'y remarquais, pour la première fois, les chagrins qui l'avaient fêlée au cours de la vie.*

*Était-ce d'ailleurs uniquement la voix qui, parce qu'elle était seule, me donnait cette impression nouvelle qui me déchirait ? Non pas ; mais plutôt que cet isolement de la voix était comme un symbole, une évocation, un effet direct d'un autre isolement, celui de ma grand'mère, pour la première fois séparée de moi. Les commandements ou défenses qu'elle m'adressait à tout moment dans l'ordinaire de la vie, l'ennui de l'obéissance ou la fièvre de la rébellion qui neutralisaient la tendresse que j'avais pour elle, étaient supprimés en ce moment et même pouvaient l'être pour l'avenir (puisque ma grand'mère n'exigeait plus de m'avoir près d'elle sous sa loi, était en train de me dire son espoir que je resterais tout à fait à Doncières, ou en tout cas que j'y prolongerais mon séjour le plus longtemps possible, ma santé et mon travail pouvant s'en bien trouver) ; aussi, ce que j'avais sous cette petite cloche approchée de mon oreille, c'était, débarrassée des pressions opposées qui chaque jour lui avaient fait contrepoids, et dès lors irrésistible, me soulevant tout entier, notre mutuelle tendresse. Ma grand'mère, en me disant de rester, me donna un besoin anxieux et fou de revenir. Cette liberté qu'elle me laissait désormais, et à laquelle je n'avais jamais entrevu qu'elle pût consentir, me parut tout d'un coup aussi triste que pourrait être ma liberté après sa mort (quand je l'aimerais encore et qu'elle aurait à jamais renoncé à moi). Je criais : « Grand'mère, grand'mère », et j'aurais voulu l'embrasser ; mais je n'avais près de moi que cette voix, fantôme aussi impalpable que celui qui reviendrait peut-être me visiter quand ma grand'mère serait morte. « Parle-moi » ; mais alors il arriva que, me laissant plus seul encore, je cessai tout d'un coup de percevoir cette voix. Ma grand'mère ne m'entendait plus, elle n'était plus en communication avec moi, nous avions cessé d'être en face l'un de l'autre, d'être l'un pour l'autre audibles, je continuais à l'interpeller en tâtonnant dans la nuit, sentant que des appels d'elle aussi devaient s'égarer. Je palpitais de la même angoisse que, bien loin dans le passé, j'avais éprouvée autrefois, un jour que petit enfant, dans une foule, je l'avais perdue, angoisse moins de ne pas la retrouver que de sentir qu'elle me cherchait, de sentir qu'elle se disait que je la cherchais ; angoisse assez semblable à celle que j'éprouverais le jour où on parle à ceux qui ne peuvent plus répondre et de qui on voudrait au moins tant faire entendre tout ce qu'on ne leur a pas dit, et l'assurance qu'on ne souffre pas. Il me semblait que c'était déjà une ombre chérie que je venais de laisser se perdre parmi les ombres, et seul devant l'appareil, je continuais à répéter en vain : « Grand'mère, grand'mère », comme Orphée, resté seul, répète le nom de la morte. Je me décidais à quitter la poste, à aller retrouver Robert à son restaurant pour lui dire que, allant peut-être recevoir une dépêche qui m'obligerait à revenir, je voudrais savoir à tout hasard l'horaire des trains. Et pourtant, avant de prendre cette résolution, j'aurais voulu une dernière fois invoquer les Filles de la Nuit, les Messagères de la parole, les Divinités sans visage ; mais les capricieuses Gardiennes n'avaient plus voulu ouvrir les portes merveilleuses, ou sans doute elles ne le purent pas ; elles eurent beau invoquer inlassablement, selon leur coutume, le vénérable inventeur de l'imprimerie et le jeune prince amateur de peinture impressionniste et chauffeur (lequel était neveu du capitaine de Borodino), Gutenberg et Wagram laissèrent leurs supplications sans réponse et je partis, sentant que l'Invisible sollicité resterait sourd.*

## Désir d'écriture
*Si, au moins, j'avais pu commencer à écrire ! Mais quelles que fussent les conditions dans lesquelles j'abordasse ce projet (de même, hélas ! que celui de ne plus prendre d'alcool, de me coucher de bonne heure, de dormir, de me bien porter), que ce fût avec emportement, avec méthode, avec plaisir, en me privant d'une promenade, en l'ajournant et en la réservant comme récompense, en profitant d'une heure de*

*bonne santé, en utilisant l'inaction forcée d'un jour de maladie, ce qui finissait toujours par sortir de mes efforts, c'était une page blanche, vierge de toute écriture, inéluctable comme cette carte forcée que dans certains tours on finit fatalement par tirer, de quelque façon qu'on eût préalablement brouillé le jeu. Je n'étais que l'instrument d'habitudes de ne pas travailler, de ne pas me coucher, de ne pas dormir, qui devaient se réaliser coûte que coûte ; si je ne leur résistais pas, si je me contentais du prétexte qu'elles tiraient de la première circonstance venue que leur offrait ce jour-là pour les laisser agir à leur guise, je m'en tirais sans trop de dommage, je reposais quelques heures tout de même, à la fin de la nuit, je lisais un peu, je ne faisais pas trop d'excès ; mais si je voulais les contrarier, si je prétendais entrer tôt dans mon lit, ne boire que de l'eau, travailler, elles s'irritaient, elles avaient recours aux grands moyens, elles me rendaient tout à fait malade, j'étais obligé de doubler la dose d'alcool, je ne me mettais pas au lit de deux jours, je ne pouvais même plus lire, et je me promettais une autre fois d'être plus raisonnable, c'est-à-dire moins sage, comme une victime qui se laisse voler de peur, si elle résiste, d'être assassinée.*

**Réflexions sur les acteurs**
*Depuis que les acteurs n'étaient plus exclusivement, pour moi, les dépositaires, en leur diction et leur jeu, d'une vérité artistique, ils m'intéressaient en eux-mêmes ; je m'amusais, croyant avoir devant moi les personnages d'un vieux roman comique, de voir du visage nouveau d'un jeune seigneur qui venait d'entrer dans la salle, l'ingénue écouter distraitement*

*la déclaration que lui faisait le jeune premier dans la pièce, tandis que celui-ci, dans le feu roulant de sa tirade amoureuse, n'en dirigeait pas moins une œillade enflammée vers une vieille dame assise dans une loge voisine, et dont les magnifiques perles l'avaient frappé ; et ainsi, surtout grâce aux renseignements que Saint-Loup me donnait sur la vie privée des artistes, je voyais une autre pièce, muette et expressive, se jouer sous la pièce parlée, laquelle d'ailleurs, quoique médiocre, m'intéressait ; car j'y sentais germer et s'épanouir pour une heure, à la lumière de la rampe, faites de l'agglutinement sur le visage d'un acteur d'un autre visage de fard et de carton, sur son âme personnelle des paroles d'un rôle. Ces individualités éphémères et vivaces que sont les personnages d'une pièce séduisante aussi, qu'on aime, qu'on admire, qu'on plaint, qu'on voudrait retrouver encore, une fois qu'on a quitté le théâtre, mais qui déjà se sont désagrégées en un comédien qui n'a plus la condition qu'il avait dans la pièce, en un texte qui ne montre plus le visage du comédien, en une poudre colorée qu'efface le mouchoir, qui sont retournées en un mot à des éléments qui n'ont plus rien d'elles, à cause de leur dissolution, consommée sitôt après la fin du spectacle, font, comme celle d'un être aimé, douter de la réalité du moi et méditer sur le mystère de la mort.*
*Un numéro du programme me fut extrêmement pénible. Une jeune femme que détestaient Rachel et plusieurs de ses amies devait y faire dans des chansons anciennes un début sur lequel elle avait fondé toutes ses espérances d'avenir et celles des siens. Cette jeune femme avait une croupe trop proéminente, presque ridicule, et une voix jolie mais trop menue, encore*

*affaiblie par l'émotion et qui contrastait avec cette puissante musculature. Rachel avait aposté dans la salle un certain nombre d'amis et d'amies dont le rôle était de décontenancer par leurs sarcasmes la débutante, qu'on savait timide, de lui faire perdre la tête de façon qu'elle fît un fiasco complet après lequel le directeur ne conclurait pas d'engagement. Dès les premières notes de la malheureuse, quelques spectateurs, recrutés pour cela, se mirent à se montrer son dos en riant, quelques femmes qui étaient du complot rirent tout haut, chaque note flûtée augmentait l'hilarité voulue qui tournait au scandale. La malheureuse, qui suait de douleur sous son fard, essaya un instant de lutter, puis jeta autour d'elle sur l'assistance des regards désolés, indignés, qui ne firent que redoubler les huées. L'instinct d'imitation, le désir de se montrer spirituelles et braves, mirent de la partie de jolies actrices qui n'avaient pas été prévenues, mais qui lançaient aux autres des œillades de complicité méchante, se tordaient de rire, avec de violents éclats, si bien qu'à la fin de la seconde chanson et bien que le programme en comportât encore cinq, le régisseur fit baisser le rideau. Je m'efforçai de ne pas plus penser à cet incident qu'à la souffrance de ma grand'mère quand mon grand-oncle, pour la taquiner, faisait prendre du cognac à mon grand-père, l'idée de la méchanceté ayant pour moi quelque chose de trop douloureux. Et pourtant, de même que la pitié pour le malheur n'est peut-être pas très exacte, car par l'imagination nous recréons toute une douleur sur laquelle le malheureux obligé de lutter contre elle ne songe pas à s'attendrir, de même la méchanceté n'a probablement pas dans l'âme du mé-*

*chant cette pure et voluptueuse cruauté qui nous fait si mal à imaginer. La haine l'inspire, la colère lui donne une ardeur, une activité qui n'ont rien de très joyeux ; il faudrait le sadisme pour en extraire du plaisir, le méchant croit que c'est un méchant qu'il fait souffrir. Rachel s'imaginait certainement que l'actrice qu'elle faisait souffrir était loin d'être intéressante, en tout cas qu'en la faisant huer, elle-même vengeait le bon goût en se moquant du grotesque et donnait une leçon à une mauvaise camarade. Néanmoins, je préférai ne pas parler de cet incident puisque je n'avais eu ni le courage ni la puissance de l'empêcher ; il m'eût été trop pénible, en disant du bien de la victime, de faire ressembler aux satisfactions de la cruauté les sentiments qui animaient les bourreaux de cette débutante.*

**Le bourdon et les orchidées**
*On sait que bien avant d'aller ce jour-là (le jour où avait lieu la soirée de la princesse de Guermantes) rendre au duc et à la duchesse la visite que je viens de raconter, j'avais épié leur retour et fait, pendant la durée de mon guet, une découverte, concernant particulièrement M. de Charlus, mais si importante en elle-même que j'ai jusqu'ici, jusqu'au moment de pouvoir lui donner la place et l'étendue voulues, différé de la rapporter. J'avais, comme je l'ai dit, délaissé le point de vue merveilleux, si confortablement aménagé au haut de la maison, d'où l'on embrasse les pentes accidentées par où l'on monte jusqu'à l'hôtel de Bréquigny, et qui sont gaiement décorées à l'italienne par le rose campanile de la remise appartenant au marquis de Frécourt. J'avais trouvé plus pratique,*

*quand j'avais pensé que le duc et la duchesse étaient sur le point de revenir, de me poster sur l'escalier. Je regrettais un peu mon séjour d'altitude. Mais à cette heure-là, qui était celle d'après le déjeuner, j'avais moins à regretter, car je n'aurais pas vu, comme le matin, les minuscules personnages de tableaux, que devenaient à distance les valets de pied de l'hôtel de Bréquigny et de Tresmes, faire la lente ascension de la côte abrupte, un plumeau à la main, entre les larges feuilles de mica transparentes qui se détachaient si plaisamment sur les contreforts rouges. A défaut de la contemplation du géologue, j'avais du moins celle du botaniste et regardais par les volets de l'escalier le petit arbuste de la duchesse et la plante précieuse exposés dans la cour avec cette insistance qu'on met à faire sortir les jeunes gens à marier, et je me demandais si l'insecte improbable viendrait, par un hasard providentiel, visiter le pistil offert et délaissé. La curiosité m'enhardissant peu à peu, je descendis jusqu'à la fenêtre du rez-de-chaussée, ouverte elle aussi, et dont les volets n'étaient qu'à moitié clos. J'entendais distinctement, se préparant à partir, Jupien qui ne pouvait me découvrir derrière mon store où je restai immobile jusqu'au moment où je me rejetai brusquement de côté par peur d'être vu de M. de Charlus, lequel, allant chez Mme de Villeparisis, traversait lentement la cour, bedonnant, vieilli par le plein jour, grisonnant. Il avait fallu une indisposition de Mme de Villeparisis (conséquence de la maladie du marquis de Fierbois avec lequel il était personnellement brouillé à mort) pour que M. de Charlus fît une visite, peut-être la première fois de son existence, à cette heure-là. Car avec cette singularité des*

*Guermantes qui, au lieu de se conformer à la vie mondaine, la modifiaient d'après leurs habitudes personnelles (non mondaines, croyaient-ils, et dignes par conséquent qu'on humiliât devant elles cette chose sans valeur, la mondanité – c'est ainsi que Mme de Marsantes n'avait pas de jour, mais recevait tous les matins ses amies, de 10 heures à midi) – le baron, gardant ce temps pour la lecture, la recherche des vieux bibelots, etc... ne faisait jamais une visite qu'entre 4 et 6 heures du soir. A 6 heures il allait au Jockey ou se promener au Bois. Au bout d'un instant je fis un nouveau mouvement de recul pour ne pas être vu par Jupien ; c'était bientôt son heure de partir au bureau, d'où il ne revenait que pour le dîner, et même pas toujours depuis une semaine que sa nièce était allée avec ses apprenties à la campagne chez une cliente finir une robe. Puis me rendant compte que personne ne pouvait me voir, je résolus de ne plus me déranger de peur de manquer, si le miracle devait se produire, l'arrivée presque impossible à espérer (à travers tant d'obstacles, de distance, de risques contraires, de dangers) de l'insecte envoyé de si loin en ambassadeur à la vierge qui depuis longtemps prolongeait son attente. Je savais que cette attente n'était pas plus passive que chez la fleur mâle, dont les étamines s'étaient spontanément tournées pour que l'insecte pût plus facilement la recevoir ; de même la fleur-femme qui était ici, si l'insecte venait, arquerait coquettement ses « styles », et pour être mieux pénétrée par lui ferait imperceptiblement, comme une jouvencelle hypocrite mais ardente, la moitié du chemin. Les lois du monde végétal sont gouvernées elles-mêmes par des lois de plus en plus hautes. Si la visite d'un insecte, c'est-à-dire l'apport de la semence d'une autre fleur, est habituellement nécessaire pour féconder une fleur, c'est que l'autofécondation, la fécondation de la fleur par elle-même, comme les mariages répétés dans une même famille, amènerait la dégénérescence et la stérilité, tandis que le croisement opéré par les insectes donne aux générations suivantes de la même espèce une vigueur inconnue de leurs aînées. Cependant cet essor peut être excessif, l'espèce se développer démesurément; alors, comme une antitoxine défend contre la maladie, comme le corps thyroïde règle notre embonpoint, comme la défaite vient punir l'orgueil, la fatigue le plaisir, et comme le sommeil repose à son tour de la fatigue, ainsi un acte exceptionnel d'autofécondation vient à point nommé donner son tour de vis, son coup de frein, fait rentrer dans la norme la fleur qui en était exagérément sortie. Mes réflexions avaient suivi une pente que je décrirai plus tard et j'avais déjà tiré de la ruse apparente des fleurs une conséquence sur toute une partie inconsciente de l'œuvre littéraire, quand je vis M. de Charlus qui ressortait de chez la marquise. Il ne s'était passé que quelques minutes depuis son entrée. Peut-être avait-il appris de sa vieille parente elle-même, ou seulement par un domestique, le grand mieux ou plutôt la guérison complète de ce qui n'avait été chez Mme de Villeparisis qu'un malaise. A ce moment, où il ne se croyait regardé par personne, les paupières baissées contre le soleil, M. de Charlus avait relâché dans son visage cette tension, amorti cette vitalité factice, qu'entretenaient chez lui l'animation de la causerie et la force de la volonté. Pâle comme un marbre, il avait le nez fort, ses traits fins ne recevaient plus d'un regard volontaire une signification différente qui altérât la beauté de leur modelé; plus rien qu'un Guermantes, il semblait déjà sculpté, lui Palamède XV, dans la chapelle de Combray. Mais ces traits généraux de toute une famille prenaient pourtant, dans le visage de M. de Charlus, une finesse plus spiritualisée, plus douce surtout. Je regrettais pour lui qu'il adultérât habituellement de tant de violences, d'étrangetés déplaisantes, de potinages, de dureté, de susceptibilité et d'arrogance, qu'il cachât sous une brutalité postiche l'aménité, la bonté qu'au moment où il sortait de chez Mme de Villeparisis, je voyais s'étaler si naïvement sur son visage. Clignant des yeux contre le soleil, il semblait presque sourire, je trouvai à sa figure vue ainsi au repos et comme au naturel quelque chose de si affectueux, de si désarmé, que je ne pus m'empêcher de penser combien M. de Charlus eût été fâché s'il avait pu se savoir regardé; car ce à quoi me faisait penser cet homme, qui était si épris, qui se piquait si fort de virilité, à qui tout le monde semblait odieusement efféminé, ce à quoi il me faisait penser tout d'un coup, tant il en avait passagèrement les traits, l'expression, le sourire, c'était à une femme.*

*J'allais me déranger de nouveau pour qu'il ne pût m'apercevoir; je n'en eus ni le temps, ni le besoin. Que vis-je ! Face à face, dans cette cour où ils ne s'étaient certainement jamais rencontrés (M. de Charlus ne venant à l'hôtel Guermantes que dans l'après-midi, aux heures où Jupien était à son bureau), le baron, ayant soudain largement ouvert ses yeux mi-clos, regardait avec une attention extraordinaire l'ancien giletier sur le seuil de sa boutique, ce-*

*pendant que celui-ci, cloué subitement sur place devant M. de Charlus, enraciné comme une plante, contemplait d'un air émerveillé l'embonpoint du baron vieillissant. Mais, chose plus étonnante encore, l'attitude de M. de Charlus ayant changé, celle de Jupien se mit aussitôt, comme selon les lois d'un art secret, en harmonie avec elle. Le baron, qui cherchait maintenant à dissimuler l'impression qu'il avait ressentie, mais qui, malgré son indifférence affectée, semblait ne s'éloigner qu'à regret, allait, venait, regardait dans le vague de la façon qu'il pensait mettre le plus en valeur la beauté de ses prunelles, prenait un air fat, négligent, ridicule. Or Jupien, perdant aussitôt l'air humble et bon que je lui avais toujours connu, avait – en symétrie parfaite avec le baron – redressé la tête, donnait à sa taille un port avantageux, posait avec une impertinence grotesque son poing sur la hanche, faisait saillir son derrière, prenait des poses avec la coquetterie qu'aurait pu avoir l'orchidée pour le bourdon providentiellement survenu. Je ne savais pas qu'il pût avoir l'air si antipathique. Mais j'ignorais aussi qu'il fût capable de tenir à l'improviste sa partie dans cette sorte de scène des deux muets, qui (bien qu'il se trouvât pour la première fois en présence de M. de Charlus) semblait avoir été longuement répétée ; – on n'arrive spontanément à cette perfection que quand on rencontre à l'étranger un compatriote, avec lequel alors l'entente se fait d'elle-même, le truchement étant identique, et sans qu'on se soit pourtant jamais vu.
Cette scène n'était, du reste, pas positivement comique, elle était empreinte d'une étrangeté, ou si l'on veut d'un naturel, dont la beauté allait croissant.*

*M. de Charlus avait beau prendre un air détaché, baisser distraitement les paupières, par moments il les relevait et jetait alors sur Jupien un regard attentif. Mais (sans doute parce qu'il pensait qu'une pareille scène ne pouvait se prolonger indéfiniment dans cet endroit, soit pour des raisons qu'on comprendra plus tard, soit enfin par ce sentiment de la brièveté de toutes choses qui fait qu'on veut que chaque coup porte juste, et qui rend si émouvant le spectacle de tout amour), chaque fois que M. de Charlus regardait Jupien, il s'arrangeait pour que son regard fût accompagné d'une parole, ce qui le rendait infiniment dissemblable des regards habituellement dirigés sur une personne qu'on connaît ou qu'on ne connaît pas ; il regardait Jupien avec la fixité particulière de quelqu'un qui va vous dire : « Pardonnez-moi mon indiscrétion, mais vous avez un long fil blanc qui pend dans votre dos », ou bien : « Je ne dois pas me tromper, vous devez être aussi de Zurich, il me semble bien vous avoir rencontré souvent chez le marchand d'antiquités. » Telle, toutes les deux minutes, la même question semblait intensément posée à Jupien dans l'œillade de M. de Charlus, comme ces phrases interrogatives de Beethoven, répétées indéfiniment, à intervalles égaux, et destinées – avec un luxe exagéré de préparations – à amener un nouveau motif, un changement de ton, une « rentrée ». Mais justement la beauté des regards de M. de Charlus et de Jupien venait, au contraire, de ce que, provisoirement du moins, ces regards ne semblaient pas avoir pour but de conduire à quelque chose. Cette beauté, c'était la première fois que je voyais le baron et Jupien la manifester. Dans les yeux de l'un et de l'autre, c'était le ciel, non pas de Zurich, mais de quelque cité orientale dont je n'avais pas encore deviné le nom, qui venait de se lever. Quel que fût le point qui pût retenir M. de Charlus et le giletier, leur accord semblait conclu et ces inutiles regards n'être que des préludes rituels, pareils aux fêtes qu'on donne avant un mariage décidé. Plus près de la nature encore – et la multiplicité de ces comparaisons est elle-même d'autant plus naturelle qu'un même homme, si on l'examine pendant quelques minutes, semble successivement un homme, un homme-oiseau ou un homme-insecte, etc. – on eût dit deux oiseaux, le mâle et la femelle, le mâle cherchant à s'avancer, la femelle – Jupien – ne répondant plus par aucun signe à ce manège, mais regardant son nouvel ami sans étonnement, avec une fixité inattentive, jugée sans doute plus troublante et seule utile, du moment que le mâle avait fait les premiers pas, et se contentant de lisser ses plumes. Enfin l'indifférence de Jupien ne parut plus lui suffire; de cette certitude d'avoir conquis à se faire poursuivre et désirer, il n'y avait qu'un pas et Jupien, se décidant à partir pour son travail, sortit par la porte cochère. Ce ne fut pourtant qu'après avoir retourné deux ou trois fois la tête, qu'il s'échappa dans la rue où le baron, tremblant de perdre sa piste (sifflotant d'un air fanfaron, non sans crier un «au revoir» au concierge qui, à demi saoul et traitant des invités dans son arrière-cuisine, ne l'entendit même pas), s'élança vivement pour le rattraper. Au même instant où M. de Charlus avait passé la porte en sifflant comme un gros bourdon, un autre, un vrai celui-là, entrait dans la cour. Qui sait si ce n'était pas celui attendu depuis si longtemps par l'orchidée, et qui venait lui apporter le pollen si rare sans lequel elle resterait vierge? Mais je fus distrait de suivre les ébats de l'insecte, car au bout de quelques minutes, sollicitant davantage mon attention, Jupien (peut-être afin de prendre un paquet qu'il emporta plus tard et que, dans l'émotion que lui avait causée l'apparition de M. de Charlus, il avait oublié, peut-être tout simplement pour une raison plus naturelle), Jupien revint, suivi par le baron. Celui-ci, décidé à brusquer les choses, demanda du feu au giletier, mais observa aussitôt : « Je vous demande du feu, mais je vois que j'ai oublié mes cigares. » Les lois de l'hospitalité l'emportèrent sur les règles de la coquetterie : « Entrez, on vous donnera tout ce que vous voudrez », dit le giletier, sur la figure de qui le dédain fit place à la joie. La porte de la boutique se referma sur eux et je ne pus plus rien entendre. J'avais perdu de vue le bourdon, je ne savais pas s'il était l'insecte qu'il fallait à l'orchidée, mais je ne doutais plus, pour un insecte très rare et une fleur captive, de la possibilité miraculeuse de se conjoindre, alors que M. de Charlus (simple comparaison pour les providentiels hasards, quels qu'ils soient, et sans la moindre prétention scientifique de rapprocher certaines lois de la botanique et ce qu'on appelle parfois fort mal l'homosexualité), qui, depuis des années, ne venait dans cette maison qu'aux heures où Jupien n'y était pas, par le hasard d'une indisposition de Mme de Villeparisis, avait rencontré le giletier et avec lui la bonne fortune réservée aux hommes du genre du baron par un de ces êtres qui peuvent même être, on le verra, infiniment plus jeunes que Jupien et plus beaux, l'homme prédestiné pour que ceux-ci* aient leur part de volupté sur cette terre: l'homme qui n'aime que les vieux messieurs.


### Réflexions sur le parler de Françoise
*Ainsi, de ce Paris des profondeurs nocturnes duquel avait déjà émané jusque dans ma chambre, mesurant le rayon d'action d'un être lointain, une voix qui allait surgir et apparaître, après cette première annonciation, c'était cette Albertine que j'avais connue jadis sous le ciel de Balbec, quand les garçons du Grand-Hôtel, en mettant le couvert, étaient aveuglés par la lumière du couchant, que, les vitres étant entièrement tirées, les souffles imperceptibles du soir passaient librement de la plage, où s'attardaient les derniers promeneurs, à l'immense salle à manger où les premiers dîneurs n'étaient pas assis encore, et que dans la glace placée derrière le comptoir passait le reflet rouge de la coque et s'attardait longtemps le reflet gris de la fumée du dernier bateau pour Rivebelle. Je ne me demandais plus ce qui avait pu mettre Albertine en retard, et quand Françoise entra dans ma chambre me dire : « Mademoiselle Albertine est là », si je répondis sans même bouger la tête, ce fut seulement par dissimulation : « Comment mademoiselle Albertine vient-elle aussi tard ! » Mais levant alors les yeux sur Françoise comme dans une curiosité d'avoir sa réponse qui devait corroborer l'apparente sincérité de ma question, je m'aperçus, avec admiration et fureur, que, capable de rivaliser avec la Berma elle-même dans l'art de faire parler les vêtements inanimés et les traits du visage, Françoise avait su faire la leçon à son corsage, à ses che-*

*veux dont les plus blancs avaient été ramenés à la surface, exhibés comme un extrait de naissance, à son cou courbé par la fatigue et l'obéissance. Ils la plaignaient d'avoir été tirée du sommeil et de la moiteur du lit, au milieu de la nuit, à son âge, obligée de se vêtir quatre à quatre, au risque de prendre une fluxion de poitrine. Aussi, craignant d'avoir eu l'air de m'excuser de la venue tardive d'Albertine : « En tout cas, je suis bien content qu'elle soit venue, tout est pour le mieux », et je laissai éclater ma joie profonde. Elle ne demeura pas longtemps sans mélange, quand j'eus entendu la réponse de Françoise. Celle-ci, sans proférer aucune plainte, ayant même l'air d'étouffer de son mieux une toux irrésistible, et croisant seulement sur elle son châle comme si elle avait froid, commença par me raconter tout ce qu'elle avait dit à Albertine, n'ayant pas manqué de lui demander des nouvelles de sa tante. « Justement j'y disais, monsieur devait avoir crainte que mademoiselle ne vienne plus, parce que ce n'est pas une heure pour venir, c'est bientôt le matin. Mais elle devait être dans des endroits qu'elle s'amusait bien car elle ne m'a pas seulement dit qu'elle était contrariée d'avoir fait attendre monsieur, elle m'a répondu d'un air de se fiche du monde: «Mieux vaut tard que jamais ! » Et Françoise ajouta ces mots qui me percèrent le cœur : « En parlant comme ça elle s'est vendue.*
*Elle aurait peut-être bien voulu se cacher mais... » Je n'avais pas de quoi être bien étonné. Je viens de dire que Françoise rendait rarement compte, dans les commissions qu'on lui donnait, sinon de ce qu'elle avait dit et sur quoi elle s'étendait volontiers, du moins de la réponse attendue. Mais, si par exception*

*elle nous répétait les paroles que nos amis avaient dites, si courtes qu'elles fussent, elle s'arrangerait généralement, au besoin grâce à l'expression, au ton dont elle assurait qu'elles avaient été accompagnées, à leur donner quelque chose de blessant. À la rigueur, elle acceptait d'avoir subi d'un fournisseur chez qui nous l'avions envoyée une avanie, d'ailleurs probablement imaginaire, pourvu que, s'adressant à elle qui nous représentait, qui avait parlé en notre nom, cette avanie nous atteignît par ricochet. Il n'eût resté qu'à lui répondre qu'elle avait mal compris, qu'elle était atteinte de délire de persécution et que tous les commerçants n'étaient pas ligués contre elle. D'ailleurs leurs sentiments m'importaient peu. Il n'en était pas de même de ceux d'Albertine. Et en me redisant ces mots ironiques : « Mieux vaut tard que jamais ! » Françoise m'évoqua aussitôt les amis dans la société desquels Albertine avait fini sa soirée, s'y plaisant donc plus que dans la mienne. « Elle est comique, elle a un petit chapeau plat, avec ses gros yeux, ça lui donne un drôle d'air, surtout avec son manteau qu'elle aurait bien fait d'envoyer chez l'estoppeuse car il est tout mangé. Elle m'amuse », ajouta, comme se moquant d'Albertine, Françoise, qui partageait rarement mes impressions mais éprouvait le besoin de faire connaître les siennes. Je ne voulais même pas avoir l'air de comprendre que ce rire signifiait le dédain de la moquerie, mais, pour rendre coup pour coup, je répondis à Françoise, bien que je ne connusse pas le petit chapeau dont elle parlait : « Ce que vous appelez « petit chapeau plat » est quelque chose de simplement ravissant... – C'est-à-dire que c'est trois fois rien », dit Françoise en ex-*

*primant, franchement cette fois, son véritable mépris. Alors (d'un ton doux et ralenti pour que ma réponse mensongère eût l'air d'être l'expression non de ma colère mais de la vérité, en ne perdant pas de temps cependant, pour ne pas faire attendre Albertine), j'adressai à Françoise ces paroles cruelles : « Vous êtes excellente, lui dis-je mielleusement, vous êtes gentille, vous avez mille qualités, mais vous en êtes au même point que le jour où vous êtes arrivée à Paris, aussi bien pour vous connaître en choses de toilette que pour bien prononcer les mots et ne pas faire de cuirs. » Et ce reproche était particulièrement stupide, car ces mots français que nous sommes si fiers de prononcer exactement ne sont eux-mêmes que des « cuirs » faits par des bouches gauloises qui prononçaient de travers le latin ou le saxon, notre langue n'étant que la prononciation défectueuse de quelques autres.*

**Réflexions sur l'amour**
*Deux ou trois fois, pendant un instant, j'eus l'idée que le monde où était cette chambre et ces bibliothèques, et dans lequel Albertine était si peu de chose, était peut-être un monde intellectuel, qui était la seule réalité, et mon chagrin quelque chose comme celui que donne la lecture d'un roman et dont un fou seul pourrait faire un chagrin durable et permanent et se prolongeant dans sa vie ; qu'il suffirait peut-être d'un petit mouvement de ma volonté pour atteindre ce monde réel, y rentrer en dépassant ma douleur comme un cerceau de papier qu'on crève, et ne plus me soucier davantage de ce qu'avait fait Albertine que nous ne nous soucions des actions de l'héroïne ima-*

ginaire d'un roman après que nous en avons fini la lecture. Au reste, les maîtresses que j'ai le plus aimées n'ont coïncidé jamais avec mon amour pour elles. Cet amour était vrai, puisque je subordonnais toutes choses à les voir, à les garder pour moi seul, puisque je sanglotais si, un soir, je les avais attendues. Mais elles avaient plutôt la propriété d'éveiller cet amour, de le porter à son paroxysme, qu'elles n'en étaient l'image. Quand je les voyais, quand je les entendais, je ne trouvais rien en elles qui ressemblât à mon amour et pût l'expliquer. Pourtant ma seule joie était de les voir, ma seule anxiété de les attendre. On aurait dit qu'une vertu n'ayant aucun rapport avec elles leur avait été accessoirement adjointe par la nature, et que cette vertu, ce pouvoir simili-électrique avait pour effet sur moi d'exciter mon amour, c'est-à-dire de diriger toutes mes actions et de causer toutes mes souffrances. Mais de cela la beauté, ou l'intelligence, ou la bonté de ces femmes étaient entièrement distinctes. Comme par un courant électrique qui vous meut, j'ai été secoué par mes amours, je les ai vécus, je les ai sentis : jamais je n'ai pu arriver à les voir ou à les penser. J'incline même à croire que dans ces amours (je mets de côté le plaisir physique, qui les accompagne d'ailleurs habituellement, mais ne suffit pas à les constituer), sous l'apparence de la femme, c'est à ces forces invisibles dont elle est accessoirement accompagnée que nous nous adressons comme à d'obscures divinités. C'est elles dont la bienveillance nous est nécessaire, dont nous recherchons le contact sans y trouver de plaisir positif. Avec ces déesses, la femme, durant le rendez-vous, nous met en rapport et ne fait guère plus. Nous *avons, comme des offrandes, promis des bijoux, des voyages, prononcé des formules qui signifient que nous adorons et des formules contraires qui signifient que nous sommes indifférents. Nous avons disposé de tout notre pouvoir pour obtenir un nouveau rendez-vous, mais qui soit accordé sans ennui. Or, est-ce pour la femme elle-même, si elle n'était pas complétée de ces forces occultes, que nous prendrions tant de peine, alors que, quand elle est partie, nous ne saurions dire comment elle était habillée et que nous nous apercevons que nous ne l'avons même pas regardée ?*

**Le sommeil d'Albertine**
*Étendue de la tête aux pieds sur mon lit, dans une attitude d'un naturel qu'on n'aurait pu inventer, je lui trouvais l'air d'une longue tige en fleur qu'on aurait disposée là, et c'était ainsi en effet : le pouvoir de rêver, que je n'avais qu'en son absence, je le retrouvais à ces instants auprès d'elle, comme si, en dormant, elle était devenue une plante. Par là, son sommeil réalisait, dans une certaine mesure, la possibilité de l'amour ; seul, je pouvais penser à elle, mais elle me manquait, je ne la possédais pas. Présente, je lui parlais, mais j'étais trop absent de moi-même pour pouvoir penser. Quand elle dormait, je n'avais plus à parler, je savais que je n'étais plus regardé par elle, je n'avais plus besoin de vivre à la surface de moi-même.*
*En fermant les yeux, en perdant la conscience, Albertine avait dépouillé, l'un après l'autre, ses différents caractères d'humanité qui m'avaient déçu depuis le*

jour où j'avais fait sa connaissance. Elle n'était plus animée que de la vie inconsciente des végétaux, des arbres, vie plus différente de la mienne, plus étrange, et qui cependant m'appartenait davantage. Son moi ne s'échappait pas à tous moments, comme quand nous causions, par les issues de la pensée inavouée et du regard. Elle avait rappelé à soi tout ce qui d'elle était au dehors ; elle s'était réfugiée, enclose, résumée, dans son corps. En le tenant sous mon regard, dans mes mains, j'avais cette impression de la posséder tout entière que je n'avais pas quand elle était réveillée. Sa vie m'était soumise, exhalait vers moi son léger souffle.

J'écoutais cette murmurante émanation mystérieuse, douce comme un zéphyr marin, féerique comme ce clair de lune, qu'était son sommeil. Tant qu'il persistait, je pouvais rêver à elle, et pourtant la regarder, et quand ce sommeil devenait plus profond, la toucher, l'embrasser. Ce que j'éprouvais alors, c'était un amour devant quelque chose d'aussi pur, d'aussi immatériel dans sa sensibilité, d'aussi mystérieux que si j'avais été devant les créatures inanimées que sont les beautés de la nature. Et, en effet, dès qu'elle dormait un peu profondément, elle cessait seulement d'être la plante qu'elle avait été ; son sommeil, au bord duquel je rêvais, avec une fraîche volupté dont je ne me fusse jamais lassé et que j'eusse pu goûter indéfiniment, c'était pour moi tout un paysage. Son sommeil mettait à mes côtés quelque chose d'aussi calme, d'aussi sensuellement délicieux que ces nuits de pleine lune dans la baie de Balbec devenue douce comme un lac, où les branches bougent à peine, où, étendu sur le sable,

*l'on écouterait sans fin se briser le reflux.*
*En entrant dans la chambre, j'étais resté debout sur le seuil, n'osant pas faire de bruit, et je n'en entendais pas d'autre que celui de son haleine venant expirer sur ses lèvres, à intervalles intermittents et réguliers, comme un reflux, mais plus assoupi et plus doux. Et au moment où mon oreille recueillait ce bruit divin, il me semblait que c'était, condensée en lui, toute la personne, toute la vie de la charmante captive, étendue là sous mes yeux. Des voitures passaient bruyamment dans la rue, son front restait aussi immobile, aussi pur, son souffle aussi léger, réduit à la simple expiration de l'air nécessaire. Puis, voyant que son sommeil ne serait pas troublé, je m'avançais prudemment, je m'asseyais sur la chaise qui était à côté du lit, puis sur le lit même.*
*J'ai passé de charmants soirs à causer, à jouer avec Albertine, mais jamais d'aussi doux que quand je la regardais dormir. Elle avait. beau avoir, en bavardant, en jouant aux cartes, ce naturel qu'une actrice n'eût pu imiter, c'était un naturel au deuxième degré que m'offrait son sommeil. Sa chevelure, descendue le long de son visage rose, était posée à côté d'elle sur le lit, et parfois une mèche, isolée et droite, donnait le même effet de perspective que ces arbres lunaires grêles et pâles qu'on aperçoit tout droits au fond des tableaux raphaëliques d'Elstir. Si les lèvres d'Albertine étaient closes, en revanche, de la façon dont j'étais placé, ses paupières paraissaient si peu jointes que j'aurais presque pu me demander si elle dormait vraiment. Tout de même, ces paupières abaissées mettaient dans son visage cette continuité parfaite que les yeux n'interrompaient pas. Il y a des*

*êtres dont la face prend une beauté et une majesté inaccoutumées pour peu qu'ils n'aient plus de regard. Je mesurais des yeux Albertine étendue à mes pieds. Par instants, elle était parcourue d'une agitation légère et inexplicable, comme les feuillages qu'une brise inattendue convulse pendant quelques instants. Elle touchait à sa chevelure, puis, ne l'ayant pas fait comme elle le voulait, elle y portait la main encore par des mouvements si suivis, si volontaires, que j'étais convaincu qu'elle allait s'éveiller. Nullement ; elle redevenait calme dans le sommeil qu'elle n'avait pas quitté. Elle restait désormais immobile. Elle avait posé sa main sur sa poitrine en un abandon du bras si naïvement puéril que j'étais obligé, en la regardant, d'étouffer le sourire que par leur sérieux, leur innocence et leur grâce nous donnent les petits enfants.*
*Moi qui connaissais plusieurs Albertine en une seule, il me semblait en voir bien d'autres encore reposer auprès de moi. Ses sourcils, arqués comme je ne les avais jamais vus, entouraient les globes de ses paupières comme un doux nid d'alcyon. Des races, des atavismes, des vices reposaient sur son visage. Chaque fois qu'elle déplaçait sa tête, elle créait une femme nouvelle, souvent insoupçonnée de moi. Il me semblait posséder non pas une, mais d'innombrables jeunes filles. Sa respiration, peu à peu plus profonde, soulevait maintenant régulièrement sa poitrine et, par-dessus elle, ses mains croisées, ses perles, déplacées d'une manière différente par le même mouvement, comme ces barques, ces chaînes d'amarre que fait osciller le mouvement du flot. Alors, sentant que son sommeil était dans son plein, que je ne me heurterais pas à des écueils de conscience recouverts*

*maintenant par la pleine mer du sommeil profond, délibérément, je sautais sans bruit sur le lit, je me couchais au long d'elle, je prenais sa taille d'un de mes bras, je posais mes lèvres sur sa joue et sur son cœur ; puis, sur toutes les parties de son corps, posais ma seule main restée libre et qui était soulevée aussi, comme les perles, par la respiration d'Albertine ; moi-même, j'étais déplacé légèrement par son mouvement régulier : je m'étais embarqué sur le sommeil d'Albertine. Parfois, il me faisait goûter un plaisir moins pur. Je n'avais pour cela besoin de nul mouvement, je faisais pendre ma jambe contre la sienne, comme une rame qu'on laisse traîner et à laquelle on imprime de temps à autre une oscillation légère, pareille au battement intermittent de l'aile qu'ont les oiseaux qui dorment en l'air. Je choisissais pour la regarder cette face de son visage qu'on ne voyait jamais, et qui était si belle.*
 *On comprend, à la rigueur, que les lettres que vous écrit quelqu'un soient à peu près semblables entre elles et dessinent une image assez différente de la personne qu'on connaît pour qu'elles constituent une deuxième personnalité. Mais combien il est plus étrange qu'une femme soit accolée, comme Rosita et Doodica, à une autre femme dont la beauté différente fait induire un autre caractère, et que pour voir l'une il faille se placer de profil, pour l'autre de face. Le bruit de sa respiration devenant plus fort pouvait donner l'illusion de l'essoufflement du plaisir et, quand le mien était à son terme, je pouvais l'embrasser sans avoir interrompu son sommeil. Il me semblait, à ces moments-là, que je venais de la posséder plus complètement, comme une chose incons-*

*ciente et sans résistance de la muette nature. Je ne m'inquiétais pas des mots qu'elle laissait parfois échapper en dormant, leur signification m'échappait, et, d'ailleurs, quelque personne inconnue qu'ils eussent désignée, c'était sur ma main, sur ma joue, que sa main, parfois animée d'un léger frisson, se crispait un instant. Je goûtais son sommeil d'un amour désintéressé, apaisant, comme je restais des heures à écouter le déferlement du flot.*
*Peut-être faut-il que les êtres soient capables de vous faire beaucoup souffrir pour que, dans les heures de rémission, ils vous procurent ce même calme apaisant que la nature. Je n'avais pas à lui répondre comme quand nous causions, et même eussé-je pu me taire, comme je faisais aussi quand elle parlait, qu'en l'entendant parler je ne descendais pas tout de même aussi avant en elle. Continuant à entendre, à recueillir, d'instant en instant, le murmure, apaisant comme une imperceptible brise, de sa pure haleine, c'était toute une existence physiologique qui était devant moi, à moi ; aussi longtemps que je restais jadis couché sur la plage, au clair de lune, je serais resté là à la regarder, à l'écouter.*
*Quelquefois on eût dit que la mer devenait grosse, que la tempête se faisait sentir jusque dans la baie, et je me mettais comme elle à écouter le grondement de son souffle qui ronflait. Quelquefois, quand elle avait trop chaud, elle ôtait, dormant déjà presque, son kimono, qu'elle jetait sur mon fauteuil. Pendant qu'elle dormait, je me disais que toutes ses lettres étaient dans la poche intérieure de ce kimono, où elle les mettait toujours. Une signature, un rendez-vous donné eussent suffi pour prouver un mensonge ou dissi-*

*per un soupçon. Quand je sentais le sommeil d'Albertine bien profond, quittant le pied de son lit où je la contemplais depuis longtemps sans faire un mouvement, je faisais un pas, pris d'une curiosité ardente, sentant le secret de cette vie offert, floche et sans défense, dans ce fauteuil. Peut-être, faisais-je ce pas aussi parce que regarder dormir sans bouger finit par devenir fatigant. Et ainsi à pas de loup, me retournant sans cesse pour voir si Albertine ne s'éveillait pas, j'allais jusqu'au fauteuil. Là, je m'arrêtais, je restais longtemps à regarder le kimono comme j'étais resté longtemps à regarder Albertine. Mais (et peut-être j'ai eu tort) jamais je n'ai touché au kimono, mis ma main dans la poche, regardé les lettres. À la fin, voyant que je ne me déciderais pas, je repartais à pas de loup, revenais près du lit d'Albertine et me remettais à la regarder dormir, elle qui ne me dirait rien alors que je voyais sur un bras du fauteuil ce kimono qui peut-être m'eût dit bien des choses. Et de même que des gens louent cent francs par jour une chambre à l'Hôtel de Balbec pour respirer l'air de la mer, je trouvais tout naturel de dépenser plus que cela pour elle, puisque j'avais son souffle près de ma joue, dans sa bouche que j'entr'ouvrais sur la mienne, où contre ma langue passait sa vie.*
*Mais ce plaisir de la voir dormir, et qui était aussi doux que la sentir vivre, un autre y mettait fin, et qui était celui de la voir s'éveiller. Il était, à un degré plus profond et plus mystérieux, le plaisir même qu'elle habitât chez moi. Sans doute il m'était doux, l'après-midi, quand elle descendait de voiture, que ce fût dans mon appartement qu'elle rentrât. Il me l'était plus encore que, quand du fond du sommeil elle re-*

*montait les derniers degrés de l'escalier des songes, ce fût dans ma chambre qu'elle renaquît à la conscience et à la vie, qu'elle se demandât un instant « où suis-je », et voyant les objets dont elle était entourée, la lampe dont la lumière lui faisait à peine cligner les yeux, pût se répondre qu'elle était chez elle en constatant qu'elle s'éveillait chez moi.*
*Dans ce premier moment délicieux d'incertitude, il me semblait que je prenais à nouveau plus complètement possession d'elle, puisque, au lieu que, après être sortie, elle entrât dans sa chambre, c'était ma chambre, dès qu'elle serait reconnue par Albertine, qui allait l'enserrer, la contenir, sans que les yeux de mon amie manifestassent aucun trouble, restant aussi calmes que si elle n'avait pas dormi.*
*L'hésitation du réveil, révélée par son silence, ne l'était pas par son regard.*
*Dès qu'elle retrouvait la parole elle disait : « Mon » ou « Mon chéri » suivis l'un ou l'autre de mon nom de baptême, ce qui, en donnant au narrateur le même nom qu'à l'auteur de ce livre, eût fait : « Mon Marcel », « Mon chéri Marcel ». Je ne permettais plus dès lors qu'en famille nos parents, en m'appelant aussi « chéri », ôtassent leur prix d'être uniques aux mots délicieux que me disait Albertine. Tout en me les disant elle faisait une petite moue qu'elle changeait d'elle-même en baiser. Aussi vite qu'elle s'était tout à l'heure endormie, aussi vite elle s'était réveillée.*

### Le petit pan de mur jaune
Bergotte décède devant un tableau de Vermeer lors d'une visite à l'exposition.

*Vers quels genres ignorés de sommeil, de rêves, le nouveau venu va-t-il nous conduire ? Il est maintenant en nous, il a la direction de notre pensée. De quelle façon allons-nous nous endormir ? Et une fois que nous le serons, par quels chemins étranges, sur quelles cimes, dans quels gouffres inexplorés le maître tout-puissant nous conduira-t-il ? Quel groupement nouveau de sensations allons-nous connaître dans ce voyage ? Nous mènera-t-il au malaise ? À la béatitude ? À la mort ? Celle de Bergotte survint la veille de ce jour-là où il s'était ainsi confié à un de ces amis (ami ? ennemi ?) trop puissant. Il mourut dans les circonstances suivantes : Une crise d'urémie assez légère était cause qu'on lui avait prescrit le repos. Mais un critique ayant écrit que dans la Vue de Delft de Ver Meer (prêté par le musée de La Haye pour une exposition hollandaise), tableau qu'il adorait et croyait connaître très bien, un petit pan de mur jaune (qu'il ne se rappelait pas) était si bien peint, qu'il était, si on le regardait seul, comme une précieuse œuvre d'art chinoise, d'une beauté qui se suffirait à elle-même, Bergotte mangea quelques pommes de terre, sortit et entra à l'exposition. Dès les premières marches qu'il eut à gravir, il fut pris d'étourdissements. Il passa devant plusieurs tableaux et eut l'impression de la sécheresse et de l'inutilité d'un art si factice, et qui ne valait pas les courants d'air et de soleil d'un palazzo de Venise, ou d'une simple maison au bord de la mer. Enfin il fut devant le Ver Meer, qu'il se rappelait plus éclatant, plus différent de tout ce qu'il connaissait, mais où, grâce à l'article du critique, il remarqua pour la première fois des petits personnages en bleu, que le sable était*

*rose, et enfin la précieuse matière du tout petit pan de mur jaune. Ses étourdissements augmentaient ; il attachait son regard, comme un enfant à un papillon jaune qu'il veut saisir, au précieux petit pan de mur. « C'est ainsi que j'aurais dû écrire, disait-il. Mes derniers livres sont trop secs, il aurait fallu passer plusieurs couches de couleur, rendre ma phrase en elle-même précieuse, comme ce petit pan de mur jaune. » Cependant la gravité de ses étourdissements ne lui échappait pas. Dans une céleste balance lui apparaissait, chargeant l'un des plateaux, sa propre vie, tandis que l'autre contenait le petit pan de mur si bien peint en jaune. Il sentait qu'il avait imprudemment donné le premier pour le second. « Je ne voudrais pourtant pas, se disait-il, être pour les journaux du soir le fait divers de cette exposition. »*
*Il se répétait : « Petit pan de mur jaune avec un auvent, petit pan de mur jaune. » Cependant il s'abattit sur un canapé circulaire ; aussi brusquement il cessa de penser que sa vie était en jeu et, revenant à l'optimisme, se dit : « C'est une simple indigestion que m'ont donnée ces pommes de terre pas assez cuites, ce n'est rien. » Un nouveau coup l'abattit, il roula du canapé par terre, où accoururent tous les visiteurs et gardiens. Il était mort. Mort à jamais ? Qui peut le dire ? Certes, les expériences spirites, pas plus que les dogmes religieux, n'apportent la preuve que l'âme subsiste. Ce qu'on peut dire, c'est que tout se passe dans notre vie comme si nous y entrions avec le faix d'obligations contractées dans une vie antérieure ; il n'y a aucune raison, dans nos conditions de vie sur cette terre, pour que nous nous croyions obligés à faire le bien, à être délicats, même à être polis,*

*ni pour l'artiste cultivé à ce qu'il se croie obligé de recommencer vingt fois un morceau dont l'admiration qu'il excitera importera peu à son corps mangé par les vers, comme le pan de mur jaune que peignit avec tant de science et de raffinement un artiste à jamais inconnu, à peine identifié sous le nom de Ver Meer. Toutes ces obligations, qui n'ont pas leur sanction dans la vie présente, semblent appartenir à un monde différent, fondé sur la bonté, le scrupule, le sacrifice, un monde entièrement différent de celui-ci, et dont nous sortons pour naître à cette terre, avant peut-être d'y retourner revivre sous l'empire de ces lois inconnues auxquelles nous avons obéi parce que nous en portions seulement – et encore ! – pour les sots. De sorte que l'idée que Bergotte n'était pas mort à jamais est sans invraisemblance.*
*On l'enterra, mais toute la nuit funèbre, aux vitrines éclairées, ses livres, disposés trois par trois, veillaient comme des anges aux ailes éployées et semblaient, pour celui qui n'était plus, le symbole de sa résurrection.*

## Dostoïevski et Baudelaire
*Mais je peux au moins croire que Baudelaire n'est pas sincère. Tandis que Dostoïevski... Tout cela me semble aussi loin de moi que possible, à moins que j'aie en moi des parties que j'ignore, car on ne se réalise que successivement. Chez Dostoïevski je trouve des puits excessivement profonds, mais sur quelques points isolés de l'âme humaine. Mais c'est un grand créateur. D'abord, le monde qu'il peint a vraiment l'air d'avoir été créé par lui. Tous ces bouffons qui reviennent sans cesse, tous ces Lebedev, Karamazoff,*

*Ivolguine, Segreff*, cet incroyable cortège, c'est une humanité plus fantastique que celle qui peuple la *Ronde de Nuit* de Rembrandt. Et peut-être n'est-elle fantastique que de la même manière, par l'éclairage et le costume, et est-elle, au fond, courante. En tous cas elle est à la fois pleine de vérités profondes et uniques, n'appartenant qu'à Dostoïevski. Cela a presque l'air, ces bouffons, d'un emploi qui n'existe plus, comme certains personnages de la comédie antique, et pourtant comme ils révèlent des aspects vrais de l'âme humaine ! Ce qui m'assomme, c'est la manière solennelle dont on parle et dont on écrit sur Dostoïevski. Avez-vous remarqué le rôle que l'amour-propre et l'orgueil jouent chez ses personnages ? On dirait que pour lui l'amour et la haine la plus éperdue, la bonté et la traîtrise, la timidité et l'insolence, ne sont que deux états d'une même nature, l'amour-propre, l'orgueil empêchant Aglaé, Nastasia, le Capitaine dont Mitia tire la barbe, Krassotkine, l'ennemi-ami d'Alioscha, de se montrer tels qu'ils sont en réalité. Mais il y a encore bien d'autres grandeurs. Je connais très peu de ses livres. Mais n'est-ce pas un motif sculptural et simple, digne de l'art le plus antique, une frise interrompue et reprise où se dérouleraient la Vengeance et l'Expiation, que le crime du père Karamazoff engrossant la pauvre folle, le mouvement mystérieux, animal, inexpliqué, par lequel la mère, étant à son insu l'instrument des vengeances du destin, obéissant aussi obscurément à son instinct de mère, peut-être à un mélange de ressentiment et de reconnaissance physique pour le violateur, va accoucher chez le père Karamazoff ? Ceci, c'est le premier épisode, mystérieux, grand, auguste, comme une

*création de la Femme dans les sculptures d'Orvieto. Et en réplique, le second épisode, plus de vingt ans après, le meurtre du père Karamazoff, l'infamie sur la famille Karamazoff par ce fils de la folle, Smerdiakoff, suivi peu après d'un même acte aussi mystérieusement sculptural et inexpliqué, d'une beauté aussi obscure et naturelle que l'accouchement dans le jardin du père Karamazoff, Smerdiakoff se pendant, son crime accompli. Quant à Dostoïevski, je ne le quittais pas tant que vous croyez en parlant de Tolstoï, qui l'a beaucoup imité. Chez Dostoïevski il y a, concentré et grognon, beaucoup de ce qui s'épanouira chez Tolstoï. Il y a, chez Dostoïevski, cette maussaderie anticipée des primitifs que les disciples éclairciront. – Mon petit, comme c'est assommant que vous soyez si paresseux. Regardez comme vous voyez la littérature d'une façon plus intéressante qu'on ne nous la faisait étudier ; les devoirs qu'on nous faisait faire sur Esther : « Monsieur », vous vous rappelez », me dit-elle en riant, moins pour se moquer de ses maîtres et d'elle-même que pour le plaisir de retrouver dans sa mémoire, dans notre mémoire commune, un souvenir déjà un peu ancien.*
*Mais tandis qu'elle me parlait, et comme je pensais à Vinteuil, à son tour c'était l'autre hypothèse, l'hypothèse matérialiste, celle du néant, qui se présentait à moi. Je me mettais à douter, je me disais qu'après tout il se pourrait que, si les phrases de Vinteuil semblaient l'expression de certains états de l'âme, analogues à celui que j'avais éprouvé en goûtant la madeleine trempée dans la tasse de thé, rien ne m'assurait que le vague de tels états fût une marque de leur profondeur, mais seulement de ce que*

*nous n'avons pas encore su les analyser, qu'il n'y aurait donc rien de plus réel en eux que dans d'autres.*
*Pourtant ce bonheur, ce sentiment de certitude dans le bonheur pendant que je buvais la tasse de thé, que je respirais aux Champs-Élysées une odeur de vieux bois, ce n'était pas une illusion. En tous cas, me disait l'esprit du doute, même si ces états sont dans la vie plus profonds que d'autres, et sont inanalysables à cause de cela même, parce qu'ils mettent en jeu trop de forces dont nous ne nous sommes pas encore rendu compte, le charme de certaines phrases de Vinteuil fait penser à eux parce qu'il est lui aussi inanalysable, mais cela ne prouve pas qu'il ait la même profondeur ; la beauté d'une phrase de musique pure paraît facilement l'image ou, du moins, la parente d'une impression intellectuelle que nous avons eue, mais simplement parce qu'elle est inintellectuelle. Et pourquoi, alors, croyons-nous particulièrement profondes ces phrases mystérieuses qui hantent certains ouvrages et ce septuor de Vinteuil ?*

## Albertine disparue

*Mademoiselle Albertine est partie,! Comme la souffrance va plus loin en psychologie que la psychologie,! Il y a un instant, en train de m'analyser, j'avais cru que cette séparation sans s'être revus était justement ce que je désirais, et comparant la médiocrité des plaisirs que me donnait Albertine à la richesse des désirs qu'elle me privait de réaliser, je m'étais trouvé subtil, j'avais conclu que je ne voulais plus la voir, que je ne l'aimais plus. Mais ces mots: « Mademoiselle Albertine est partie » venaient de produire*

*dans mon cœur une souffrance telle que je ne pourrais pas y résister plus longtemps. Ainsi ce que j'avais cru n'être rien pour moi, c'était tout simplement toute ma vie.*
*Comme on s'ignore,! Il fallait faire cesser immédiatement ma souffrance. Tendre pour moi-même comme ma mère pour ma grand'mère mourante, je me disais, avec cette même bonne volonté qu'on a de ne pas laisser souffrir ce qu'on aime.: « Aie une seconde de patience, on va te trouver un remède, sois tranquille, on ne va pas te laisser souffrir comme cela. »*

**La lettre d'Albertine**
*« MON AMI, » Pardonnez-moi de ne pas avoir osé vous dire de vive voix les quelques mots qui vont suivre, mais je suis si lâche, j'ai toujours eu si peur devant vous, que, même en me forçant, je n'ai pas eu le courage de le faire. Voici ce que j'aurais dû vous dire. Entre nous, la vie est devenue impossible, vous avez d'ailleurs vu par votre algarade de l'autre soir qu'il y avait quelque chose de changé dans nos rapports. Ce qui a pu s'arranger cette nuit-là deviendrait irréparable dans quelques jours. Il vaut donc mieux, puisque nous avons eu la chance de nous réconcilier, nous quitter bons amis. C'est pourquoi, mon chéri, je vous envoie ce mot, et je vous prie d'être assez bon pour me pardonner si je vous fais un peu de chagrin, en pensant à l'immense que j'aurai. Mon cher grand, je ne veux pas devenir votre ennemie, il me sera déjà assez dur de vous devenir peu à peu, et bien vite, indifférente ; aussi ma décision étant irrévocable, avant de vous faire remettre cette lettre par Françoise, je lui aurai demandé mes malles. Adieu, je vous laisse le*

*meilleur de moi-même. »* ALBERTINE.

## Charlus en Prométhée
*Le seul endroit où j'aurais pu me faire servir à boire et reprendre des forces pour rentrer chez moi eût été un hôtel. Mais dans la rue assez éloignée du centre où j'étais parvenu, tous, depuis que sur Paris les gothas lançaient leurs bombes, avaient fermé. Il en était de même de presque toutes les boutiques de commerçants, lesquels, faute d'employés ou eux-mêmes pris de peur, avaient fui à la campagne et laissé sur la porte un avertissement habituel écrit à la main et annonçant leur réouverture pour une époque éloignée et, d'ailleurs, problématique. Les autres établissements qui avaient pu survivre encore annonçaient de la même manière qu'ils n'ouvraient que deux fois par semaine.*
*On sentait que la misère, l'abandon, la peur habitaient tout ce quartier. Je n'en fus que plus surpris de voir qu'entre ces maisons délaissées il y en avait une où la vie au contraire semblait avoir vaincu l'effroi, la faillite, et entretenait l'activité et la richesse. Derrière les volets clos de chaque fenêtre la lumière, tamisée à cause des ordonnances de police, décelait pourtant un insouci complet de l'économie. Et à tout instant la porte s'ouvrait pour laisser entrer ou sortir quelque visiteur nouveau. C'était un hôtel par qui la jalousie de tous les commerçants voisins (à cause de l'argent que ses propriétaires devaient gagner) devait être excitée ; et ma curiosité le fut aussi quand je vis sortir rapidement, à une quinzaine de mètres de moi, c'est-à-dire trop loin pour que dans l'obscurité profonde je pusse le reconnaître, un officier.*

*Quelque chose pourtant me frappa qui n'était pas sa figure que je ne voyais dans une grande houppelande, mais la disproportion extraordinaire entre le nombre de points différents par où passa son corps et le petit nombre de secondes pendant lesquelles cette sortie, qui avait l'air de la sortie tentée par un assiégé, s'exécuta. De sorte que je pensai, si je ne le reconnus pas formellement – je ne dirai pas même à la tournure ni à la sveltesse, ni à l'allure, ni à la vélocité de Saint-Loup – mais à l'espèce d'ubiquité qui lui était si spéciale. Le militaire capable d'occuper en si peu de temps tant de positions différentes dans l'espace avait disparu, sans m'avoir aperçu, dans une rue de traverse, et je restais à me demander si je devais ou non entrer dans cet hôtel dont l'apparence modeste me fit fortement douter que ce fût Saint-Loup qui en fût sorti. Je me rappelai involontairement que Saint-Loup avait été injustement mêlé à une affaire d'espionnage parce qu'on avait trouvé son nom dans les lettres saisies sur un officier allemand. Pleine justice lui avait d'ailleurs été rendue par l'autorité militaire. Mais malgré moi je rapprochai ce fait de ce que je voyais. Cet hôtel servait-il de lieu de rendez-vous à des espions ? L'officier avait depuis un moment disparu quand je vis entrer de simples soldats de plusieurs armes, ce qui ajouta encore à la force de ma supposition. J'avais, d'autre part, extrêmement soif. « Il est probable que je pourrai trouver à boire ici », me dis-je, et j'en profitai pour tâcher d'assouvir, malgré l'inquiétude qui s'y mêlait, ma curiosité. Je ne pense donc pas que ce fut la curiosité de cette rencontre qui me décida à monter le petit escalier de quelques marches au bout duquel la porte d'une espèce de vestibule était ouverte, sans doute à cause de la chaleur. Je crus d'abord que, cette curiosité, je ne pourrais la satisfaire, car je vis plusieurs personnes venir demander une chambre, à qui on répondit qu'il n'y en avait plus une seule. Mais je compris ensuite qu'elles n'avaient évidemment contre elles que de ne pas faire partie du nid d'espionnage, car un simple marin s'étant présenté un moment après on se hâta de lui donner le n° 28. Je pus apercevoir sans être vu, grâce à l'obscurité, quelques militaires et deux ouvriers qui causaient tranquillement dans une petite pièce étouffée, prétentieusement ornée de portraits en couleurs de femmes découpés dans des magazines et des revues illustrées. Ces gens causaient tranquillement, en train d'exposer des idées patriotiques : « Qu'est-ce que tu veux, on fera comme les camarades », disait l'un. « Ah ! pour sûr que je pense bien ne pas être tué », répondait à un vœu que je n'avais pas entendu, un autre qui, à ce que je compris, repartait le lendemain pour un poste dangereux. « Par exemple, à vingt-deux ans, en n'ayant encore fait que six mois, ce serait fort », criait-il avec un ton où perçait encore plus que le désir de vivre longtemps la conscience de raisonner juste, et comme si le fait de n'avoir que vingt-deux ans devait lui donner plus de chances de ne pas être tué, et que ce dût être une chose impossible qu'il le fût. « À Paris c'est épatant, disait un autre ; on ne dirait pas qu'il y a la guerre. Et toi, Julot, tu t'engages toujours ? – Pour sûr que je m'engage, j'ai envie d'aller y taper un peu dans le tas à tous ces sales Boches. – Mais Joffre, c'est un homme qui couche avec les femmes des Ministres, c'est pas un homme qui a fait quelque chose. — C'est malheureux d'entendre des choses pareilles, dit un aviateur un peu plus âgé en se tournant vers l'ouvrier qui venait de faire entendre cette proposition ; je vous conseillerais pas de causer comme ça en première ligne, les poilus vous auraient vite expédié. » La banalité de ces conversations ne me donnait pas grande envie d'en entendre davantage, et j'allais entrer ou redescendre quand je fus tiré de mon indifférence en entendant ces phrases qui me firent frémir : « C'est épatant, le patron qui ne revient pas, dame, à cette heure-ci je ne sais pas trop où il trouvera des chaînes. — Mais puisque l'autre est déjà attaché. — Il est attaché bien sûr, il est attaché et il ne l'est pas, moi je serais attaché comme ça que je pourrais me détacher. — Mais le cadenas est fermé. — C'est entendu qu'il est fermé, mais ça peut s'ouvrir à la rigueur. Ce qu'il y a, c'est que les chaînes ne sont pas assez longues. Tu vas pas m'expliquer à moi ce que c'est, j'y ai tapé dessus hier pendant toute la nuit que le sang m'en coulait sur les mains. — C'est toi qui taperas ce soir. — Non, c'est pas moi, c'est Maurice. Mais ça sera moi dimanche, le patron me l'a promis. » Je compris maintenant pourquoi on avait eu besoin des bras solides du marin. Si on avait éloigné de paisibles bourgeois, ce n'était donc pas qu'un nid d'espions que cet hôtel. Un crime atroce allait y être consommé, si on n'arrivait pas à temps pour le découvrir et faire arrêter les coupables. Tout cela pourtant, dans cette nuit paisible et menacée, gardait une apparence de rêve, de conte, et c'est à la fois avec une fierté de justicier et une volupté de poète que j'entrai délibérément dans l'hôtel. Je touchai légèrement mon chapeau et les personnes pré-*

sentes, sans se déranger, répondirent plus ou moins poliment à mon salut. « Est-ce que vous pourriez me dire à qui il faut m'adresser ? Je voudrais avoir une chambre et qu'on m'y monte à boire. – Attendez une minute, le patron est sorti. – Mais il y a le chef là-haut, insinua un des causeurs. – Mais tu sais bien qu'on ne peut pas le déranger. – Croyez-vous qu'on me donnera une chambre ? – J'crois. – Le 43 doit être libre », dit le jeune homme qui était sûr de ne pas être tué parce qu'il avait vingt-deux ans. Et il se poussa légèrement sur le sofa pour me faire place. « Si on ouvrait un peu la fenêtre, il y a une fumée ici », dit l'aviateur ; et en effet chacun avait sa pipe ou sa cigarette. « Oui, mais alors, fermez d'abord les volets, vous savez bien qu'il est défendu d'avoir de la lumière à cause des Zeppelins. – Il n'en viendra plus de Zeppelins. Les journaux ont même fait allusion sur ce qu'ils avaient été tous descendus. – Il n'en viendra plus, il n'en viendra plus, qu'est-ce que tu en sais ? Quand tu auras comme moi quinze mois de front et que tu auras abattu ton cinquième avion boche, tu pourras en causer. Faut pas croire les journaux. Ils sont allés hier sur Compiègne, ils ont tué une mère de famille avec ses deux enfants. – Une mère de famille avec ses deux enfants », dit avec des yeux ardents et un air de profonde pitié le jeune homme qui espérait bien ne pas être tué et qui avait, du reste, une figure énergique, ouverte et des plus sympathiques. « On n'a pas de nouvelles du grand Julot. Sa marraine n'a pas reçu de lettre de lui depuis huit jours et c'est la première fois qu'il reste si longtemps sans lui en donner. – Qui est sa marraine ? – C'est la dame qui tient le chalet de nécessité un peu plus bas que l'Olympia. –

*Ils couchent ensemble ? – Qu'est-ce que tu dis là ; c'est une femme mariée, tout ce qu'il y a de sérieuse. Elle lui envoie de l'argent toutes les semaines parce qu'elle a bon cœur. Ah ! c'est une chic femme. – Alors tu le connais, le grand Julot ? – Si je le connais !* reprit avec chaleur le jeune homme de vingt-deux ans. *C'est un de mes meilleurs amis intimes. Il n'y en a pas beaucoup que j'estime comme lui, et bon camarade, toujours prêt à rendre service, ah ! tu parles que ce serait un rude malheur s'il lui était arrivé quelque chose. »* Quelqu'un proposa une partie de dés et à la hâte fébrile avec laquelle le jeune homme de vingt-deux ans retournait les dés et criait les résultats, les yeux hors de la tête, il était aisé de voir qu'il avait un tempérament de joueur. Je ne saisis pas bien ce que quelqu'un lui dit ensuite, mais il s'écria d'un ton de profonde pitié : « *Julot, un maquereau ! C'est-à-dire qu'il dit qu'il est un maquereau. Mais il n'est pas foutu de l'être. Moi je l'ai vu payer sa femme, oui, la payer. C'est-à-dire que je ne dis pas que Jeanne l'Algérienne ne lui donnait pas quelque chose, mais elle ne lui donnait pas plus de cinq francs, une femme qui était en maison, qui gagnait plus de cinquante francs par jour. Se faire donner que cinq francs ! il faut qu'un homme soit trop bête. Et maintenant qu'elle est sur le front, elle a une vie dure, je veux bien, mais elle gagne ce qu'elle veut ; eh bien, elle ne lui envoie rien.*
*Ah ! un maquereau, Julot ? Il y en a beaucoup qui pourraient se dire maquereaux à ce compte-là. Non seulement ce n'est pas un maquereau, mais à mon avis c'est même un imbécile. »* Le plus vieux de la bande, et que le patron avait sans doute, à cause de

*son âge, chargé de lui faire garder une certaine tenue, n'entendit, étant allé un moment jusqu'aux cabinets, que la fin de la conversation. Mais il ne put s'empêcher de me regarder et parut visiblement contrarié de l'effet qu'elle avait dû produire sur moi. Sans s'adresser spécialement au jeune homme de vingt-deux ans qui venait pourtant d'exposer cette théorie de l'amour vénal, il dit, d'une façon générale : « Vous causez trop et trop fort, la fenêtre est ouverte, il y a des gens qui dorment à cette heure-ci. Vous savez que si le patron rentrait et vous entendait causer comme ça, il ne serait pas content. » Précisément en ce moment on entendit la porte s'ouvrir et tout le monde se tut croyant que c'était le patron, mais ce n'était qu'un chauffeur d'auto étranger auquel tout le monde fit grand accueil. Mais en voyant une chaîne de montre superbe qui s'étalait sur la veste du chauffeur, le jeune homme de vingt-deux ans lui lança un coup d'œil interrogatif et rieur, suivi d'un froncement de sourcil et d'un clignement d'oeil sévère dirigé de mon côté. Et je compris que le premier regard voulait dire : « Qu'est-ce que ça ? tu l'as volée ? Toutes mes félicitations. » Et le second : « Ne dis rien à cause de ce type que nous ne connaissons pas. » Tout à coup le patron entra, chargé de plusieurs mètres de grosses chaînes capables d'attacher plusieurs forçats, suant, et dit : « J'en ai une charge, si vous tous vous n'étiez pas si fainéants, je ne devrais pas être obligé d'y aller moi-même. » Je lui dis que je demandais une chambre. « Pour quelques heures seulement, je n'ai pas trouvé de voiture et je suis un peu malade. Mais je voudrais qu'on me monte à boire. – Pierrot, va à la cave chercher du cassis et dis qu'on mette en état le numéro 43. Voilà le 7 qui sonne. Ils disent qu'ils sont malades. Malades, je t'en fiche, c'est des gens à prendre de la coco, ils ont l'air à moitié piqués, il faut les foutre dehors. A-t-on mis une paire de draps au 22 ? Bon ! voilà le 7 qui sonne encore, cours-y voir. Allons, Maurice, qu'est-ce que tu fais là, tu sais bien qu'on t'attend, monte au 14 bis. Et plus vite que ça. » Et Maurice sortit rapidement, suivant le patron qui, un peu ennuyé que j'eusse vu ses chaînes, disparut en les emportant. « Comment que tu viens si tard ? » demanda le jeune homme de vingt-deux ans au chauffeur. « Comment, si tard, je suis d'une heure en avance. Mais il fait trop chaud marcher. J'ai rendez-vous qu'à minuit. – Pour qui donc est-ce que tu viens ? – Pour Pamela la charmeuse », dit le chauffeur oriental dont le rire découvrit les belles dents blanches. « Ah ! » dit le jeune homme de vingt-deux ans. Bientôt on me fit monter dans la chambre 43, mais l'atmosphère était si désagréable et ma curiosité si grande que, mon « cassis » bu, je redescendis l'escalier, puis, pris d'une autre idée, je remontai et dépassai l'étage de la chambre 43, allai jusqu'en haut. Tout à coup, d'une chambre qui était isolée au bout d'un couloir me semblèrent venir des plaintes étouffées. Je marchai vivement dans cette direction et appliquai mon oreille à la porte. « Je vous en supplie, grâce, grâce, pitié, détachez-moi, ne me frappez pas si fort, disait une voix. Je vous baise les pieds, je m'humilie, je ne recommencerai pas. Ayez pitié. – Non, crapule, répondit une autre voix, et puisque tu gueules et que tu te traînes à genoux, on va t'attacher sur le lit, pas de pitié », et j'entendis le bruit du claquement d'un martinet, pro-*

bablement aiguisé de clous car il fut suivi de cris de douleur. Alors je m'aperçus qu'il y avait dans cette chambre un œil-de-bœuf latéral dont on avait oublié de tirer le rideau ; cheminant à pas de loup dans l'ombre, je me glissai jusqu'à cet œil-de-bœuf, et là, enchaîné sur un lit comme Prométhée sur son rocher, recevant les coups d'un martinet en effet planté de clous que lui infligeait Maurice, je vis, déjà tout en sang, et couvert d'ecchymoses qui prouvaient que le supplice n'avait pas lieu pour la première fois, je vis devant moi M. de Charlus. Tout à coup la porte s'ouvrit et quelqu'un entra qui heureusement ne me vit pas, c'était Jupien. Il s'approcha du baron avec un air de respect et un sourire d'intelligence : « Hé bien, vous n'avez pas besoin de moi ? » Le baron pria Jupien de faire sortir un moment Maurice. Jupien le mit dehors avec la plus grande désinvolture. « On ne peut pas nous entendre ? » dit le baron à Jupien, qui lui affirma que non. Le baron savait que Jupien, intelligent comme un homme de lettres, n'avait nullement l'esprit pratique, parlait toujours, devant les intéressés, avec des sous-entendus qui ne trompaient personne et des surnoms que tout le monde connaissait. « Une seconde », interrompit Jupien qui avait entendu une sonnette retentir à la chambre n° 3.
C'était un député de l'Action Libérale qui sortait. Jupien n'avait pas besoin de voir le tableau car il connaissait son coup de sonnette, le député venant, en effet, tous les jours après déjeuner. Il avait été obligé ce jour-là de changer ses heures, car il avait marié sa fille à midi à Saint-Pierre de Chaillot. Il était donc venu le soir, mais tenait à partir de bonne heure à cause de sa femme, vite inquiète quand il rentrait

*tard, surtout par ces temps de bombardement.*
*Jupien tenait à accompagner sa sortie pour témoigner de la déférence qu'il portait à la qualité d'honorable, sans aucun intérêt personnel d'ailleurs. Car bien que ce député, répudiant les exagérations de l'Action Française (il eût, d'ailleurs, été incapable de comprendre une ligne de Charles Maurras ou de Léon Daudet), fût bien avec les ministres, flattés d'être invités à ses chasses, Jupien n'aurait pas osé lui demander le moindre appui dans ses démêlés avec la police. Il savait que, s'il s'était risqué à parler de cela au législateur fortuné et froussard, il n'aurait pas évité la plus inoffensive des « descentes » mais eût instantanément perdu le plus généreux de ses clients. Après avoir reconduit jusqu'à la porte le député, qui avait rabattu son chapeau sur ses yeux, relevé son col et, glissant rapidement comme il faisait dans ses programmes électoraux, croyait cacher son visage, Jupien remonta près de M. de Charlus à qui il dit : « C'était Monsieur Eugène. » Chez Jupien, comme dans les maisons de santé, on n'appelait les gens que par leur prénom tout en ayant soin d'ajouter à l'oreille, pour satisfaire la curiosité des habitués ou augmenter le prestige de la maison, leur nom véritable. Quelquefois cependant Jupien ignorait la personnalité vraie de ses clients, s'imaginait et disait que c'était tel boursier, tel noble, tel artiste, erreurs passagères et charmantes pour ceux qu'on nommait à tort, et finissait par se résigner à ignorer toujours qui était Monsieur Victor. Jupien avait aussi l'habitude, pour plaire au baron, de faire l'inverse de ce qui est de mise dans certaines réunions. « Je vais vous présenter Monsieur Lebrun » (à l'oreille : « Il se fait ap-*

*peler M. Lebrun mais en réalité c'est le grand-duc de Russie »). Inversement, Jupien sentait que ce n'était pas encore assez de présenter à M. de Charlus un garçon laitier. Il lui murmurait en clignant de l'œil : « Il est garçon laitier, mais, au fond, c'est surtout un des plus dangereux apaches de Belleville » (il fallait voir le ton grivois dont Jupien disait « apache »). Et comme si ces références ne suffisaient pas, il tâchait d'ajouter quelques « citations ». « Il a été condamné plusieurs fois pour vol et cambriolage de villas, il a été à Fresnes pour s'être battu (même air grivois) avec des passants qu'il a à moitié estropiés et il a été au bat' d'Af. Il a tué son sergent. »*
*Le baron en voulait même légèrement à Jupien, car il savait que dans cette maison, qu'il avait chargé son factotum d'acheter pour lui et de faire gérer par un sous-ordre, tout le monde, par les maladresses de l'oncle de Mlle d'Oloron, feu Mme de Cambremer, connaissait plus ou moins sa personnalité et son nom (beaucoup seulement croyaient que c'était un surnom et, le prononçant mal, l'avaient déformé, de sorte que la sauvegarde du baron avait été leur propre bêtise et non la discrétion de Jupien). Mais il trouvait plus simple de se laisser rassurer par ses assurances, et tranquillisé de savoir qu'on ne pouvait les entendre, le baron lui dit : « Je ne voulais pas parler devant ce petit, qui est très gentil et fait de son mieux. Mais je ne le trouve pas assez brutal. Sa figure me plaît, mais il m'appelle « crapule » comme si c'était une leçon apprise. – Oh.! non, personne ne lui a rien dit, répondit Jupien sans s'apercevoir de l'invraisemblance de cette assertion. Il a, du reste, été compromis dans le meurtre d'une concierge de la Villette. – Ah.! cela*

c'est assez intéressant, dit le baron avec un sourire. – Mais j'ai justement là le tueur de bœufs, l'homme des abattoirs qui lui ressemble ; il a passé par hasard. Voulez-vous en essayer ? – Ah ! oui, volontiers. » Je vis entrer l'homme des abattoirs, il ressemblait, en effet, un peu à « Maurice », mais, chose plus curieuse, tous deux avaient quelque chose d'un type que personnellement je n'avais jamais dégagé, mais qu'à ce moment je me rendis très bien compte exister dans la figure de Morel, sinon dans la figure de Morel telle que je l'avais toujours vue, du moins dans un certain visage que des yeux aimants voyant Morel autrement que moi auraient pu composer avec ses traits. Dès que je me fus fait intérieurement, avec des traits empruntés à mes souvenirs de Morel, cette maquette de ce qu'il pouvait représenter à un autre, je me rendis compte que ces deux jeunes gens, dont l'un était un garçon bijoutier et l'autre un employé d'hôtel, étaient de vagues succédanés de Morel. Fallait-il en conclure que M. de Charlus, au moins en une certaine forme de ses amours, était toujours fidèle à un même type et que le désir qui lui avait fait choisir l'un après l'autre ces deux jeunes gens était le même que celui qui lui avait fait arrêter Morel sur le quai de la gare de Doncières ; que tous trois ressemblaient un peu à l'éphèbe dont la forme, intaillée dans le saphir qu'étaient les yeux de M. de Charlus, donnait à son regard ce quelque chose de si particulier qui m'avait effrayé le premier jour à Balbec ? Ou que son amour pour Morel ayant modifié le type qu'il cherchait, pour se consoler de son absence il cherchait des hommes qui lui ressemblassent ? Une supposition que je fis aussi fut que peut-être il n'avait jamais existé *entre Morel et lui, malgré les apparences, que des relations d'amitié, et que M. de Charlus faisait venir chez Jupien des jeunes gens qui ressemblassent assez à Morel pour qu'il pût avoir auprès d'eux l'illusion de prendre du plaisir avec lui. Il est vrai qu'en songeant à tout ce que M. de Charlus a fait pour Morel, cette supposition eût semblé peu probable si l'on ne savait que l'amour nous pousse non seulement aux plus grands sacrifices pour l'être que nous aimons, mais parfois jusqu'au sacrifice de notre désir lui-même qui, d'ailleurs, est d'autant moins facilement exaucé que l'être que nous aimons sent que nous aimons davantage. Ce qui enlève aussi à une telle supposition l'invraisemblance qu'elle semble avoir au premier abord (bien qu'elle ne corresponde sans doute pas à la réalité) est dans le tempérament nerveux, dans le caractère profondément passionné de M. de Charlus, pareil en cela à celui de Saint-Loup, et qui avait pu jouer au début de ses relations avec Morel le même rôle, et plus décent, et négatif, qu'au début des relations de son neveu avec Rachel. Les relations avec une femme qu'on aime (et cela peut s'étendre à l'amour pour un jeune homme) peuvent rester platoniques pour une autre raison que la vertu de la femme ou que la nature peu sensuelle de l'amour qu'elle inspire. Cette raison peut être que l'amoureux, trop impatient par l'excès même de son amour, ne sait pas attendre avec une feinte suffisante d'indifférence le moment où il obtiendra ce qu'il désire. Tout le temps il revient à la charge, il ne cesse d'écrire à celle qu'il aime, il cherche tout le temps à la voir, elle le lui refuse, il est désespéré. Dès lors elle a compris que si elle lui accorde sa compagnie, son amitié, ces biens*

*paraîtront déjà tellement considérables à celui qui a cru en être privé qu'elle peut se dispenser de donner davantage et profiter d'un moment où il ne peut plus supporter de ne pas la voir, où il veut à tout prix terminer la guerre, en lui imposant une paix qui aura pour première condition le platonisme des relations. D'ailleurs, pendant tout le temps qui a précédé ce traité, l'amoureux tout le temps anxieux, sans cesse à l'affût d'une lettre, d'un regard, a cessé de penser à la possession physique dont le désir l'avait tourmenté d'abord mais qui s'est usé dans l'attente et a fait place à des besoins d'un autre ordre, plus douloureux d'ailleurs s'ils ne sont pas satisfaits. Alors le plaisir qu'on avait le premier jour espéré des caresses, on le reçoit plus tard tout dénaturé sous la forme de paroles amicales, de promesses de présence qui, après les effets de l'incertitude, quelquefois simplement après un regard embrumé de tous les brouillards de la froideur et qui recule si loin la personne qu'on croit qu'on ne la reverra jamais, amènent de délicieuses détentes. Les femmes devinent tout cela et savent qu'elles peuvent s'offrir le luxe de ne se donner jamais à ceux dont elles sentent, s'ils ont été trop nerveux pour le leur cacher les premiers jours, l'inguérissable désir qu'ils ont d'elles. La femme est trop heureuse que, sans rien donner, elle reçoive beaucoup plus qu'elle n'a d'habitude quand elle se donne. Les grands nerveux croient ainsi à la vertu de leur idole.*
*Et l'auréole qu'ils mettent autour d'elle est aussi un produit, mais, comme on voit, fort indirect, de leur excessif amour. Il existe alors chez la femme ce qui existe à l'état inconscient chez les médicaments à leur*

*insu rusés, comme sont les soporifiques, la morphine. Ce n'est pas à ceux à qui ils donnent le plaisir du sommeil ou un véritable bien-être qu'ils sont absolument nécessaires. Ce n'est pas par ceux-là qu'ils seraient achetés à prix d'or, échangés contre tout ce que le malade possède, c'est par ces autres malades (d'ailleurs peut-être les mêmes, mais, à quelques années de distance, devenus autres) que le médicament ne fait pas dormir, à qui il ne cause aucune volupté, mais qui, tant qu'ils ne l'ont pas, sont en proie à une agitation qu'ils veulent faire cesser à tout prix, fût-ce en se donnant la mort. Pour M. de Charlus, dont le cas, en somme, avec cette légère différenciation due à la similitude du sexe, rentre dans les lois générales de l'amour, il avait beau appartenir à une famille plus ancienne que les Capétiens, être riche, être vainement recherché par une société élégante, et Morel n'être rien, il aurait eu beau dire à Morel, comme il m'avait dit à moi-même : « Je suis prince, je veux votre bien », encore était-ce Morel qui avait le dessus s'il ne voulait pas se rendre. Et pour qu'il ne le voulût pas, il suffisait peut-être qu'il se sentît aimé. L'horreur que les grands ont pour les snobs qui veulent à toute force se lier avec eux, l'homme viril l'a pour l'inverti, la femme pour tout homme trop amoureux. M. de Charlus non seulement avait tous les avantages, mais en eût proposé d'immenses à Morel.*
*Mais il est possible que tout cela se fût brisé contre une volonté. Il en eût été dans ce cas de M. de Charlus comme de ces Allemands, auxquels il appartenait, du reste, par ses origines, et qui, dans la guerre qui se déroulait à ce moment, étaient bien, comme le baron le répétait un peu trop volontiers, vainqueurs sur*

tous les fronts. Mais à quoi leur servait leur victoire, puisque après chacune ils trouvaient les Alliés plus résolus à leur refuser la seule chose qu'eux, les Allemands, eussent souhaité d'obtenir, la paix et la réconciliation ? Ainsi Napoléon entrait en Russie et demandait magnanimement aux autorités de venir vers lui. Mais personne ne se présentait.
Je descendis et rentrai dans la petite antichambre où Maurice, incertain si on le rappellerait et à qui Jupien avait à tout hasard dit d'attendre, était en train de faire une partie de cartes avec un de ses camarades. On était très agité d'une croix de guerre qui avait été trouvée par terre, et on ne savait pas qui l'avait perdue, à qui la renvoyer pour éviter au titulaire un ennui. Puis on parla de la bonté d'un officier qui s'était fait tuer pour tâcher de sauver son ordonnance. « Il y a tout de même du bon monde chez les riches. Moi je me ferais tuer avec plaisir pour un type comme ça », dit Maurice, qui, évidemment, n'accomplissait ses terribles fustigations sur le baron que par une habitude mécanique, les effets d'une éducation négligée, le besoin d'argent et un certain penchant à le gagner d'une façon qui était censée donner moins de mal que le travail et en donnait peut-être davantage. Mais, ainsi que l'avait craint M. de Charlus, c'était peut-être un très bon cœur et c'était, paraît-il, un garçon d'une admirable bravoure. Il avait presque les larmes aux yeux en parlant de la mort de cet officier et le jeune homme de vingt-deux ans n'était pas moins ému. « Ah ! oui, ce sont de chic types. Des malheureux comme nous encore, ça n'a pas grand'chose à perdre, mais un Monsieur qui a des tas de larbins, qui peut aller prendre son apéro

*tous les jours à 6 heures, c'est vraiment chouette. On peut charrier tant qu'on veut, mais quand on voit des types comme ça mourir, ça fait vraiment quelque chose. Le bon Dieu ne devrait pas permettre que des riches comme ça meurent ; d'abord ils sont trop utiles à l'ouvrier. Rien qu'à cause d'une mort comme ça faudra tuer tous les Boches jusqu'au dernier ; et ce qu'ils ont fait à Louvain, et couper des poignets de petits enfants ; non, je ne sais pas, moi je ne suis pas meilleur qu'un autre, mais je me laisserais envoyer des pruneaux dans la gueule plutôt que d'obéir à des barbares comme ça ; car c'est pas des hommes, c'est des vrais barbares, tu ne diras pas le contraire. » Tous ces garçons étaient, en somme, patriotes. Un seul, légèrement blessé au bras, ne fut pas à la hauteur des autres car il dit, comme il devait bientôt repartir : « Dame, ça n'a pas été la bonne blessure » (celle qui fait réformer), comme Mme Swann disait jadis : « J'ai trouvé le moyen d'attraper la fâcheuse influenza. » La porte se rouvrit sur le chauffeur qui était allé un instant prendre l'air. « Comment, c'est déjà fini ? ça n'a pas été long », dit-il en apercevant Maurice qu'il croyait en train de frapper celui qu'on avait surnommé, par allusion à un journal qui paraissait à cette époque : « l'Homme enchaîné ». « Ce n'est pas long pour toi qui es allé prendre l'air, répondit Maurice, froissé qu'on vît qu'il avait déplu là-haut. Mais si tu étais obligé de taper à tour de bras comme moi, par cette chaleur ! Si c'était pas les cinquante francs qu'il donne... – Et puis, c'est un homme qui cause bien ; on sent qu'il a de l'instruction. Dit-il que ce sera bientôt fini ? – Il dit qu'on ne pourra pas les avoir, que ça finira sans que personne ait le des-*

sus. – Bon sang de bon sang, mais c'est donc un Boche... – Je vous ai dit que vous causiez trop haut, dit le plus vieux aux autres en m'apercevant. Vous avez fini avec la chambre ? – Ah ! ta gueule, tu n'es pas le maître ici. – Oui, j'ai fini, et je venais pour payer. – Il vaut mieux que vous payiez au patron. Maurice, va donc le chercher. – Mais je ne veux pas vous déranger. – Ça ne me dérange pas. » Maurice monta et revint en me disant : « Le patron descend. » Je lui donnai deux francs pour son dérangement. Il rougit de plaisir. « Ah ! merci bien. Je les enverrai à mon frère qui est prisonnier. Non, il n'est pas malheureux, ça dépend beaucoup des camps. » Pendant ce temps, deux clients très élégants, en habit et cravate blanche sous leur pardessus – deux Russes, me sembla-t-il à leur très léger accent – se tenaient sur le seuil et délibéraient s'ils devaient entrer. C'était visiblement la première fois qu'ils venaient là, on avait dû leur indiquer l'endroit et ils semblaient partagés entre le désir, la tentation et une extrême frousse. L'un des deux – un beau jeune homme – répétait toutes les deux minutes à l'autre, avec un sourire mi-interrogateur, mi-destiné à persuader : « Quoi ! Après tout on s'en fiche. » Mais il avait beau vouloir dire par là qu'après tout on se fichait des conséquences, il est probable qu'il ne s'en fichait pas tant que cela, car cette parole n'était suivie d'aucun mouvement pour entrer, mais d'un nouveau regard vers l'autre, suivi du même sourire et du même « après tout, on s'en fiche ».
C'était, ce « après tout on s'en fiche ! », un exemplaire entre mille de ce magnifique langage, si différent de celui que nous parlons d'habitude, et où l'émotion fait dévier ce que nous voulions dire et épanouir à la

*place une phrase tout autre, émergée d'un lac inconnu où vivent des expressions sans rapport avec la pensée, et qui par cela même la révèlent. Je me souviens qu'une fois Albertine, comme Françoise, que nous n'avions pas entendue, entrait au moment où mon amie était toute nue contre moi, dit malgré elle, voulant me prévenir : « Tiens, voilà la belle Françoise. » Françoise, qui n'y voyait pas très clair et ne faisait que traverser la pièce assez loin de nous, ne se fût sans doute aperçue de rien. Mais les mots si anormaux de « belle Françoise », qu'Albertine n'avait jamais prononcés de sa vie, montrèrent d'eux-mêmes leur origine ; elle les sentit cueillis au hasard par l'émotion, n'eut pas besoin de regarder rien pour comprendre tout et s'en alla en murmurant dans son patois le mot de « poutana ». Une autre fois, bien plus tard, quand Bloch devenu père de famille eut marié une de ses filles à un catholique, un monsieur mal élevé dit à celle-ci qu'il croyait avoir entendu dire qu'elle était fille d'un juif et lui en demanda le nom. La jeune femme, qui avait été Mlle Bloch depuis sa naissance, répondit en prononçant Bloch à l'allemande, comme eût fait le duc de Guermantes, c'est-à-dire en prononçant le ch non pas comme un c ou un k mais avec le rh germanique.*
*Le patron, pour en revenir à la scène de l'hôtel (dans lequel les deux Russes s'étaient décidés à pénétrer : « après tout on s'en fiche »), n'était pas encore revenu que Jupien entra se plaindre qu'on parlait trop fort et que les voisins se plaindraient. Mais il s'arrêta stupéfait en m'apercevant. « Allez-vous-en tous sur le carré. » Déjà tous se levaient quand je lui dis : « Il serait plus simple que ces jeunes gens restent là et*

*que j'aille avec vous un instant dehors. »*
*Il me suivit fort troublé. Je lui expliquai pourquoi j'étais venu. On entendait des clients qui demandaient au patron s'il ne pouvait pas leur faire connaître un valet de pied, un enfant de chœur, un chauffeur nègre. Toutes les professions intéressaient ces vieux fous ; dans la troupe, toutes les armes et les alliés de toutes nations. Quelques-uns réclamaient surtout des Canadiens, subissant peut-être à leur insu le charme d'un accent si léger qu'on ne sait pas si c'est celui de la vieille France ou de l'Angleterre. À cause de leur jupon et parce que certains rêves lacustres s'associent souvent à de tels désirs, les Écossais faisaient prime. Et comme toute folie reçoit des circonstances des traits particuliers, sinon même une aggravation, un vieillard dont toutes les curiosités avaient été assouvies demandait avec insistance si on ne pourrait pas lui faire faire la connaissance d'un mutilé. On entendait des pas lents dans l'escalier. Par une indiscrétion qui était dans sa nature Jupien ne put se retenir de me dire que c'était le baron qui descendait, qu'il ne fallait à aucun prix qu'il me vît, mais que, si je voulais entrer dans la petite chambre contiguë au vestibule où étaient les jeunes gens, il allait ouvrir les vasistas, truc qu'il avait inventé pour que le baron pût voir et entendre sans être vu, et qu'il allait, me disait-il, retourner en ma faveur contre lui. « Seulement, ne bougez pas. » Et après m'avoir poussé dans le noir, il me quitta. D'ailleurs, il n'avait pas d'autre chambre à me donner, son hôtel, malgré la guerre, étant plein.*
*Celle que je venais de quitter avait été prise par le vicomte de Courvoisier qui, ayant pu quitter la*

*Croix-Rouge de X... pour deux jours, était venu se délasser une heure à Paris avant d'aller retrouver au château de Courvoisier la vicomtesse, à qui il dirait n'avoir pas pu prendre le bon train. Il ne se doutait guère que M. de Charlus était à quelques mètres de lui, et celui-ci ne s'en doutait pas davantage, n'ayant jamais rencontré son cousin chez Jupien, lequel ignorait la personnalité du vicomte soigneusement dissimulée. Bientôt, en effet, le baron entra, marchant assez difficilement à cause des blessures, dont il devait sans doute pourtant avoir l'habitude. Bien que son plaisir fût fini et qu'il n'entrât, d'ailleurs, que pour donner à Maurice l'argent qu'il lui devait, il dirigeait en cercle sur tous ces jeunes gens réunis un regard tendre et curieux et comptait bien avoir avec chacun le plaisir d'un bonjour tout platonique mais amoureusement prolongé. Je lui retrouvai de nouveau, dans toute la sémillante frivolité dont il fit preuve devant ce harem qui semblait presque l'intimider, ces hochements de taille et de tête, ces affinements du regard qui m'avaient frappé le soir de sa première entrée à la Raspelière, grâces héritées de quelque grand'mère que je n'avais pas connue, et que dissimulaient dans l'ordinaire de la vie sur sa figure des expressions plus viriles, mais qui y épanouissaient coquettement, dans certaines circonstances où il tenait à plaire à un milieu inférieur, le désir de paraître grande dame. Jupien les avait recommandés à la bienveillance du baron en lui disant que c'étaient tous des « barbeaux » de Belleville et qu'ils marcheraient avec leur propre sœur pour un louis. Au reste, Jupien mentait et disait vrai à la fois. Meilleurs, plus sensibles qu'il ne disait au baron, ils n'appartenaient*

*pas à une race sauvage.*
*Mais ceux qui les croyaient tels leur parlaient néanmoins avec la plus entière bonne foi, comme si ces terribles eussent dû avoir la même. Un sadique a beau se croire avec un assassin, son âme pure, à lui sadique, n'est pas changée pour cela et il reste stupéfait devant le mensonge de ces gens, pas assassins du tout, mais qui désirent gagner facilement une « thune » et dont le père, ou la mère, ou la sœur ressuscitent et remeurent tour à tour en paroles, parce qu'ils se coupent dans la conversation qu'ils ont avec le client à qui ils cherchent à plaire. Le client est stupéfié dans sa naïveté, car dans son arbitraire conception du gigolo, ravi des nombreux assassinats dont il le croit coupable, il s'effare d'une contradiction et d'un mensonge qu'il surprend dans ses paroles. Tous semblaient le connaître et M. de Charlus s'arrêtait longuement à chacun, leur parlant ce qu'il croyait leur langage, à la fois par une affectation prétentieuse de couleur locale et aussi par un plaisir sadique de se mêler à une vie crapuleuse. « Toi, c'est dégoûtant, je t'ai aperçu devant l'Olympia avec deux cartons. C'est pour te faire donner du pèze. Voilà comme tu me trompes. » Heureusement pour celui à qui s'adressait cette phrase il n'eut pas le temps de déclarer qu'il n'eût jamais accepté de « pèze » d'une femme, ce qui eût diminué l'excitation de M. de Charlus, et réserva sa protestation pour la fin de la phrase en disant : « Oh non ! je ne vous trompe pas. » Cette parole causa à M. de Charlus un vif plaisir et comme, malgré lui, le genre d'intelligence qui était naturellement le sien ressortait d'à travers celui qu'il affectait, il se retourna vers Jupien : « Il est gentil de me dire ça. Et*

*comme il le dit bien. On dirait que c'est la vérité. Après tout, qu'est-ce que ça fait que ce soit la vérité ou non puisqu'il arrive à me le faire croire. Quels jolis petits yeux il a. Tiens, je vais te donner deux gros baisers pour la peine, mon petit gars. Tu penseras à moi dans les tranchées. C'est pas trop dur ? – Ah ! dame, il y a des jours, quand une grenade passe à côté de vous. » Et le jeune homme se mit à faire des imitations du bruit de la grenade, des avions, etc. « Mais il faut bien faire comme les autres, et vous pouvez être sûr et certain qu'on ira jusqu'au bout. – Jusqu'au bout.! Si on savait seulement jusqu'à quel bout, dit mélancoliquement le baron qui était « pessimiste ». – Vous n'avez pas vu que Sarah Bernhardt l'a dit sur les journaux : La France, elle ira jusqu'au bout.*
*Les Français, ils se feront tuer plutôt jusqu'au dernier. – Je ne doute pas un seul instant que les Français ne se fassent bravement tuer jusqu'au dernier », dit M. de Charlus comme si c'était la chose la plus simple du monde et bien qu'il n'eût lui-même l'intention de faire quoi que ce soit, mais pensant par là corriger l'impression de pacifisme qu'il donnait quand il s'oubliait. « Je n'en doute pas, mais je me demande jusqu'à quel point Madame Sarah Bernhardt est qualifiée pour parler au nom de la France. Mais, ajouta-t-il, il me semble que je ne connais pas ce charmant, ce délicieux jeune homme », en avisant un autre qu'il ne reconnaissait pas ou qu'il n'avait peut-être jamais vu. Il le salua comme il eût salué un prince à Versailles, et pour profiter de l'occasion d'avoir en supplément un plaisir gratis – comme quand j'étais petit et que ma mère venait de faire une*

*commande chez Boissier ou chez Gouache, je prenais, sur l'offre d'une des dames du comptoir, un bonbon extrait d'un des vases de verre entre lesquels elle trônait – prenant la main du charmant jeune homme et la lui serrant longuement, à la prussienne, le fixant des yeux en souriant pendant le temps interminable que mettaient autrefois à nous faire poser les photographes quand la lumière était mauvaise : « Monsieur, je suis charmé, je suis enchanté de faire votre connaissance. » « Il a de jolis cheveux », dit-il en se tournant vers Jupien. Il s'approcha ensuite de Maurice pour lui remettre ses cinquante francs, mais le prenant d'abord par la taille : « Tu ne m'avais jamais dit que tu avais suriné une pipelette de Belleville. » Et M. de Charlus râlait d'extase et approchait sa figure de celle de Maurice. « Oh.! Monsieur le Baron, dit en protestant le gigolo, qu'on avait oublié de prévenir, pouvez-vous croire une chose pareille ? » Soit qu'en effet le fait fût faux, ou que, vrai, son auteur le trouvât pourtant abominable et de ceux qu'il convient de nier : « Moi toucher à mon semblable ? à un Boche, oui, parce que c'est la guerre, mais à une femme, et à une vieille femme encore.! » Cette déclaration de principes vertueux fit l'effet d'une douche d'eau froide sur le baron qui s'éloigna sèchement de Maurice, en lui remettant toutefois son argent mais de l'air dépité de quelqu'un qu'on a floué, qui ne veut pas faire d'histoires, qui paye, mais n'est pas content.*
[...]
*Or, les aberrations sont comme des amours où la tare maladive a tout recouvert, tout gagné. Même dans la plus folle, l'amour se reconnaît encore. L'insistance de M. de Charlus à demander qu'on lui passât aux*

*pieds et aux mains des anneaux d'une solidité éprouvée, à réclamer la barre de justice, et, à ce que me dit Jupien, des accessoires féroces qu'on avait la plus grande peine à se procurer, même en s'adressant à des matelots – car ils servaient à infliger des supplices dont l'usage est aboli même là où la discipline est la plus rigoureuse, à bord des navires – au fond de tout cela il y avait chez M. de Charlus tout son rêve de virilité, attestée au besoin par des actes brutaux, et toute l'enluminure intérieure, invisible pour nous, mais dont il projetait ainsi quelques reflets, de croix de justice, de tortures féodales, que décorait son imagination moyenâgeuse. C'est dans le même sentiment que, chaque fois qu'il arrivait, il disait à Jupien : « Il n'y aura pas d'alerte ce soir au moins, car je me vois d'ici calciné par ce feu du ciel comme un habitant de Sodome. » Et il affectait de redouter les gothas, non qu'il en éprouvât l'ombre de peur, mais pour avoir le prétexte, dès que les sirènes retentissaient, de se précipiter dans les abris du métropolitain où il espérait quelque plaisir des frôlements dans la nuit, avec de vagues rêves de souterrains moyenâgeux et d'in pace. En somme, son désir d'être enchaîné, d'être frappé, trahissait dans sa laideur un rêve aussi poétique que chez d'autres le désir d'aller à Venise ou d'entretenir des danseuses. Et M. de Charlus tenait tellement à ce que ce rêve lui donnât l'illusion de la réalité, que Jupien dut vendre le lit de bois qui était dans la chambre 43 et le remplacer par un lit de fer qui allait mieux avec les chaînes.*

**La mémoire involontaire**
Expliquée par Proust, c'est tout de même autre chose !

*En roulant les tristes pensées que je disais il y a un instant j'étais entré dans la cour de l'hôtel de Guermantes, et dans ma distraction je n'avais pas vu une voiture qui s'avançait ; au cri du wattman je n'eus que le temps de me ranger vivement de côté, et je reculai assez pour buter malgré moi contre des pavés assez mal équarris derrière lesquels était une remise. Mais au moment où, me remettant d'aplomb, je posai mon pied sur un pavé qui était un peu moins élevé que le précédent, tout mon découragement s'évanouit devant la même félicité qu'à diverses époques de ma vie m'avaient donnée la vue d'arbres que j'avais cru reconnaître dans une promenade en voiture autour de Balbec, la vue des clochers de Martinville, la saveur d'une madeleine trempée dans une infusion, tant d'autres sensations dont j'ai parlé et que les dernières œuvres de Vinteuil m'avaient paru synthétiser. Comme au moment où je goûtais la madeleine, toute inquiétude sur l'avenir, tout doute intellectuel étaient dissipés. Ceux qui m'assaillaient tout à l'heure au sujet de la réalité de mes dons littéraires, et même de la réalité de la littérature, se trouvaient levés comme par enchantement. Cette fois je me promettais bien de ne pas me résigner à ignorer pourquoi, sans que j'eusse fait aucun raisonnement nouveau, trouvé aucun argument décisif, les difficultés, insolubles tout à l'heure, avaient perdu toute importance, comme je l'avais fait le jour où j'avais goûté d'une madeleine trempée dans une infusion. La félicité que je venais d'éprouver était bien, en effet, la même que celle que j'avais éprouvée en mangeant la madeleine et dont j'avais alors ajourné de rechercher les causes profondes. La différence, purement matérielle, était dans les images évoquées. Un azur profond enivrait mes yeux, des impressions de fraîcheur, d'éblouissante lumière tournoyaient près de moi et, dans mon désir de les saisir, sans oser plus bouger que quand je goûtais la saveur de la madeleine en tâchant de faire parvenir jusqu'à moi ce qu'elle me rappelait, je restais, quitte à faire rire la foule innombrable des wattmen, à tituber comme j'avais fait tout à l'heure, un pied sur le pavé plus élevé, l'autre pied sur le pavé le plus bas. Chaque fois que je refaisais, rien que matériellement, ce même pas, il me restait inutile ; mais si je réussissais, oubliant la matinée Guermantes, à retrouver ce que j'avais senti en posant ainsi mes pieds, de nouveau la vision éblouissante et indistincte me frôlait comme si elle m'avait dit : « Saisis-moi au passage si tu en as la force et tâche à résoudre l'énigme du bonheur que je te propose. » Et presque tout de suite, je le reconnus, c'était Venise, dont mes efforts pour la décrire et les prétendus instantanés pris par ma mémoire ne m'avaient jamais rien dit et que la sensation que j'avais ressentie jadis sur deux dalles inégales du baptistère de Saint-Marc m'avait rendue avec toutes les autres sensations jointes ce jour-là à cette sensation-là, et qui étaient restées dans l'attente, à leur rang, d'où un brusque hasard les avait impérieusement fait sortir, dans la série des jours oubliés. De même le goût de la petite madeleine m'avait rappelé Combray. Mais pourquoi les images de Combray et de Venise m'avaient-elles, à l'un et à l'autre moment, donné une joie pareille à une certitude et suffisante sans autres preuves à me rendre la mort indifférente ? Tout en me le demandant et en étant résolu aujourd'hui à trouver la réponse, j'entrai dans l'hôtel de Guermantes, parce que nous faisons toujours passer avant la besogne intérieure que nous avons à faire le rôle apparent que nous jouons et qui, ce jour-là, était celui d'un invité. Mais arrivé au premier étage, un maître d'hôtel me demanda d'entrer un instant dans un petit salon-bibliothèque attenant au buffet, jusqu'à ce que le morceau qu'on jouait fût achevé, la princesse ayant défendu qu'on ouvrît les portes pendant son exécution. Or, à ce moment même, un second avertissement vint renforcer celui que m'avaient donné les pavés inégaux et m'exhorter à persévérer dans ma tâche. Un domestique, en effet, venait, dans ses efforts infructueux pour ne pas faire de bruit, de cogner une cuiller contre une assiette. Le même genre de félicité que m'avaient donné les dalles inégales m'envahit ; les sensations étaient de grande chaleur encore, mais toutes différentes, mêlées d'une odeur de fumée apaisée par la fraîche odeur d'un cadre forestier ; et je reconnus que ce qui me paraissait si agréable était la même rangée d'arbres que j'avais trouvée ennuyeuse à observer et à décrire, et devant laquelle, débouchant la canette de bière que j'avais dans le wagon, je venais de croire un instant, dans une sorte d'étourdissement, que je me trouvais, tant le bruit identique de la cuiller contre l'assiette m'avait donné, avant que j'eusse eu le temps de me ressaisir, l'illusion du bruit du marteau d'un employé qui avait arrangé quelque chose à une roue de train pendant que nous étions arrêtés devant ce petit bois. Alors on* eût dit que les signes qui devaient, ce jour-là, me tirer de mon découragement et me rendre la foi dans les lettres avaient à cœur de se multiplier, car un maître d'hôtel depuis longtemps au service du prince de Guermantes m'ayant reconnu, et m'ayant apporté dans la bibliothèque où j'étais, pour m'éviter d'aller au buffet, un choix de petits fours, un verre d'orangeade, je m'essuyai la bouche avec la serviette qu'il m'avait donnée ; mais aussitôt, comme le personnage des Mille et une Nuits qui, sans le savoir, accomplit précisément le rite qui fait apparaître, visible pour lui seul, un docile génie prêt à le transporter au loin, une nouvelle vision d'azur passa devant mes yeux ; mais il était pur et salin, il se gonfla en mamelles bleuâtres ; l'impression fut si forte que le moment que je vivais me sembla être le moment actuel, plus hébété que le jour où je me demandais si j'allais vraiment être accueilli par la princesse de Guermantes ou si tout n'allait pas s'effondrer, je croyais que le domestique venait d'ouvrir la fenêtre sur la plage et que tout m'invitait à descendre me promener le long de la digue à marée haute ; la serviette que j'avais prise pour m'essuyer la bouche avait précisément le genre de raideur et d'empesé de celle avec laquelle j'avais eu tant de peine à me sécher devant la fenêtre, le premier jour de mon arrivée à Balbec, et maintenant, devant cette bibliothèque de l'hôtel de Guermantes, elle déployait, réparti dans ses plis et dans ses cassures, le plumage d'un océan vert et bleu comme la queue d'un paon. Et je ne jouissais pas que de ces couleurs, mais de tout un instant de ma vie qui les soulevait, qui avait été sans doute aspiration vers elles, dont quelque sentiment de fatigue ou de tristes-

*se m'avait peut-être empêché de jouir à Balbec, et qui maintenant, débarrassé de ce qu'il y a d'imparfait dans la perception extérieure, pur et désincarné, me gonflait d'allégresse.* [...]

**Bibliographie**
Œuvres de Proust :
*Les plaisirs et les jours*, Calman-Lévy, 1896
*La Bible d'Amiens*, traduction et notes de l'ouvrage de John Ruskin *The Bible of Amiens*, Mercure de France, 1904
*Sésame et les lys*, traduction de John Ruskin *Sesam and Lilies*, Mercure de
France, 1906
*Pastiches et mélanges,* NRF, 1919
*À la Recherche du temps perdu* :
*Du côté de chez Swann*, Grasset, 1913
I : *Combray*
II : *Un amour de Swann*
III : *Nom de pays : le nom*
*À l'ombre des jeunes filles en fleurs*, NRF, 1919, prix Goncourt
I : *Autour de Madame Swann*
II : *Noms de pays : le pays*
*Le Côté de Guermantes I et II*, NRF, 1921-1922
*Sodome et Gomorrhe I et II*, NRF, 1922-1923
*La Prisonnière*, NRF, 1923
*Albertine disparue* (ou *La Fugitive*), NRF, 1925
*Le Temps retrouvé*, NRF, 1927
*Chroniques,* 1927
*Jean Santeuil,* 1952
*Contre Sainte-Beuve,* 1954

**Table des matières**

**Première partie :**
Du côté de chez… p. 9
Première partie : Comment devenir proustien, p. 11
Devenir proustien, p. 15
*À la recherche du temps perdu*, p. 17
*Du côté de chez Swann*, p. 17
 *I Combray,* p. 17
 *II Un amour de Swann,* p. 19
 *III Nom de pays : le nom,* p. 21
*À l'ombre des jeunes filles en fleurs,* p. 21
*Le côté de Guermantes*, p. 22
*Sodome et Gomorrhe*, p. 23
*La Prisonnière*, p. 24
*Albertine disparue (ou La Fugitive)*, p. 25
*Le Temps retrouvé*, p. 25
 *I*, p. 25
 *II*, p. 27
Les personnages, p. 29
Le narrateur, p. 29
Swann, p. 30
Odette, p. 30
Saint-Loup, p. 31
La Duchesse de Guermantes, p. 32
Le Baron de Charlus, p. 33
Françoise, p. 34
Jupien, p. 34
Les Verdurin, p. 35
Vinteuil, p. 35
Elstir, p. 35
Tante Léonie, p. 35
Bergotte, p. 36

Albertine, p. 36
Gilberte, p. 37
Morel, p. 37
La mémoire involontaire, p. 37
Quelques notes sur l'auteur, p. 39

**Deuxième partie : Les incontournables et quelques autres passages, p. 43**
Les premiers paragraphes, p. 43
La madeleine, p. 46
La scène du baiser, p. 51
Le nom orange de la Duchesse de Guermantes, p. 54
Les asperges, p. 55
La Charité de Giotto, p. 56
Le passage des soldats, p. 60
Le côté de Méséglise et le côté de Guermantes, p. 63
Les carafes de la Vivonne, p. 69
Bergotte, p. 70
Un homme qui dort, p. 73
Les aubépines, p. 79
La scène de Montjouvain, p. 83
Les clochers, p. 92
La petite phrase de Vinteuil, p. 96
Faire catleya, p. 101
Rencontres avec le baron de Charlus, p. 107
Tante Léonie, p. 108
La Berma, p. 112
Les water closet, p. 116
Chez les Verdurin, p. 117
Discussions avec Bergotte, p. 120
Le caractère de Gilberte, p. 123
Réflexions sur le chagrin, p. 125
Réflexions sur le départ, p. 127

La vie à l'hôtel de Balbec, p. 128
Les trois arbres, p. 131
Le retour de promenade, p. 133
La venue de Saint-loup-en-Bray, p. 134
La photographie de la grand-mère, p. 136
Les jeunes filles en fleurs, p. 139
Les tableaux de Elstir, p. 143
La loge au théâtre, p. 146
Entre rêve et sommeil, p. 148
Le téléphone, p. 154
Désir d'écriture, p. 160
Réflexions sur les acteurs, p. 161
Le bourdon et les orchidées, p. 164
Réflexions sur le parler de Françoise, p. 173
Réflexions sur l'amour, p. 176
Le sommeil d'Albertine, p. 178
Le petit pan de mur jaune, p. 185
Dostoïevsky et Baudelaire, p. 1188
Albertine disparue, p. 1191
La lettre d'Albertine, p. 192
Charlus en Prométhée, p. 193
La mémoire involontaire, p. 218
Bibliographie, p. 223
Table des matières, p. 225

Deuxième édition, juin 2015
Le Montet

Merci beaucoup d'avoir lui *Comment devenir proustien sans lire Proust*

Si vous avez apprécié *Comment devenir proustien sans lire Proust,* nous aimerions vous demander une faveur : celle de laisser un commentaire honnête sur la page Amazon. Les auteurs vivent et meurent de leurs critiques, et les quelques secondes qu'il vous faudra pour le faire nous aideront vraiment. Nous vous en remercions à l'avance.

Vous pouvez aussi vous rendre sur le site de l'auteur :

www.murielleluciedement.com

et consulter sa page Facebook :
https://www.facebook.com/murielleluciedementpage

www.ingramcontent.com/pod-product-compliance
Lightning Source LLC
Chambersburg PA
CBHW071156160426
**43196CB00011B/2097**